FRANCISCO DE ASSIS MENDES

REPENSANDO O MUNDO
DO TRABALHO

Literare Books
INTERNATIONAL
BRASIL · EUROPA · USA · JAPÃO

Copyright© 2022 by Literare Books International
Todos os direitos desta edição são reservados à Literare Books International.

Presidente:
Mauricio Sita

Vice-presidente:
Alessandra Ksenhuck

Diretora executiva:
Julyana Rosa

Diretora de projetos:
Gleide Santos

Relacionamento com o cliente:
Claudia Pires

Capa, projeto gráfico e diagramação:
Gabriel Uchima

Revisão:
Rodrigo Rainho

Impressão:
Gráfica Paym

Dados Internacionais de Catalogação na Publicação (CIP)
(eDOC BRASIL, Belo Horizonte/MG)

M538r   Mendes, Francisco de Assis.
         Repensando o mundo do trabalho / Francisco de Assis Mendes.
         – São Paulo, SP: Literare Books International, 2022.
         14 x 21 cm

         ISBN 978-65-5922-475-3

         1. Trabalho. 2. Sociologia do trabalho. 3. Mercado de trabalho –
         Reflexões. I. Título.
                                                                CDD 306.3

Elaborado por Maurício Amormino Júnior – CRB6/2422

Literare Books International.
Rua Antônio Augusto Covello, 472 – Vila Mariana – São Paulo, SP.
CEP 01550-060
Fone: +55 (0**11) 2659-0968
site: www.literarebooks.com.br
e-mail: literare@literarebooks.com.br

FRANCISCO DE ASSIS MENDES

REPENSANDO O MUNDO DO TRABALHO

DEDICATÓRIA

Aos meus pais, em memória, Claudionor de Macedo Mendes e Maria Tereza das Neves Mendes, meus grandes exemplos e referências de amor, família, humildade e fé.

Às minhas filhas Ana Carolina, Samantha, Ana Beatriz, Sophia, Mariana e Maria Alice, ao meu filho Matheus e ao meu neto Bernardo.

Às minhas sete irmãs Tereza, Socorro, Sandra, Tânia, Dôra, Claudia e Patrícia, as quais torcem incondicionalmente para meu sucesso e felicidade.

Em especial à minha linda esposa Joseane Mendes, meu amor, minha parceira, minha sócia e mãe das minhas princesinhas. Gratidão eterna a você por me apoiar incondicionalmente nas minhas loucuras e nos meus sonhos disruptivos.

AGRADECIMENTOS

Agradecimento inicial aos grandes mestres do Brasil em Relações Trabalhistas e Sindicais – Wilson Cerqueira, Edmir Garcez, Wolnei Ferreira, José Emídio, André Teixeira e Adalberto Brathwaite.

Agradecimento aos companheiros diretores executivos do Sindicato dos Trabalhadores da Indústria Metalúrgica e Eletroeletrônicos do estado do Amazonas, Raimundo Sidney, Luiz Carlos, e ao Barros, ex-diretor sindical pelos grandes aprendizados em processos de negociações sindicais coletivas nesses mais de 14 anos.

Agradecimento aos colegas da Comissão de Negociação e dos dirigentes do Sindicato das Indústrias Metalúrgicas do estado do Amazonas pela troca de experiências e aprendizados ao longo das várias negociações de Data-Base.

Agradecimento aos colegas da Comissão de Recursos Humanos da Câmara Nipônica de Comércio e Indústria do Amazonas pelas contribuições e troca de experiências.

Agradecimento aos colegas e diretores voluntários da ABRH AM e ABRH Brasil pela oportunidade de cocriação e coordenação do Fórum de Relações Trabalhistas e Saúde no Trabalho da ABRH AM já em sua VII edição.

Agradecimento aos amigos, colegas, gestores e equipe da área de Recursos Humanos da Moto Honda da Amazônia, além de todos os gestores fabris com os quais pude conviver e contribuir positivamente em negociações sindicais para atender demandas do negócio.

Agradecimento final e especial à minha equipe de Relações Trabalhistas e Sindicais formada pela Ellen Rodrigues e Dra. Viviane Thomé e aos ex-colegas de equipe Marqleide Mota, Nádia e Belício Martins.

PREFÁCIO

Poder prefaciar este livro é como embrulhar um presente para os leitores que terão a alegria de conhecer seu conteúdo. O Assis, como carinhosamente o chamamos, segue sendo um "*serial writer*", escritor em série, pois seu conteúdo é imenso e muito profundo. Não é só teoria, coloca no papel toda sua prática fundamentada em experiências vividas, agora no preparo das próximas gerações, pois se atreveu a pensar como será o futuro do trabalho e das relações trabalhistas, navegando pelos modelos inovadores, disruptivos, empreendedores e mais significantes, tratando do novo mundo do trabalho, seus problemas, a robotização, os conflitos geracionais, convívio com diversidade e inclusão, envelhecimento, saúde corporativa, lideranças novas, carreiras, *anywhere office* e o mundo sindical fortemente afetado. O leitor certamente vislumbrará em cada capítulo o que o espera na gestão de pessoas e do trabalho, começando desde já a refletir e repensar suas estratégias, modelos, problemas e soluções para este imenso mundo em plena revolução. Sem deixar de lado sua expertise prática, Assis viaja de forma segura, competente e sólida nos passos que a área de Recursos Humanos terá que dar no sentido de aprender a conviver com este momento novo e amplamente revolucionará como nunca antes vivido. Aproveitem ao máximo esta plenitude de ideias e soluções que ele lhes oferece.

Wolnei Tadeu Ferreira
Diretor Jurídico da ABRH-Brasil e Diretor Executivo da SOBRATT. Advogado, Administrador e Pós-graduado em Recursos Humanos.

INTRODUÇÃO

Sempre acreditei no poder dos sonhos e que devemos ser um eterno aprendiz do conhecimento, pois vivemos em uma sociedade disruptiva na qual precisamos ser uma metamorfose ambulante, como disse o grande Raul Seixas "prefiro ser esta metamorfose ambulante do que ter aquela velha opinião formada sobre tudo". Portanto, se quisermos nos manter competitivos no mundo do trabalho, precisamos repensar o mundo do trabalho com uma visão mais disruptiva, abraçando as oportunidades e desafios para construirmos um mundo do trabalho melhor e com mais qualidade de vida para todos.

Ao longo da minha jornada, desenvolvi de forma contínua um amor pelo aprendizado e pela disrupção, tendo os livros como fonte de maior inspiração (acredito que já pude saborear a leitura de mais de mil livros ao longo da minha vida, e continuo sendo um leitor voraz de temas ligados às áreas profissionais em que atuo e temas multifacetados, tendo a certeza sempre de que é pela Educação e pelo aprendizado (não importa a fonte) que podemos reduzir a desigualdade social e fortalecer o processo de inclusão social. O primeiro passo desse processo é disseminar e incentivar o hábito da leitura.

Como considero que a leitura é o caminho mais rápido para aquisição de conhecimento, sendo um eterno aprendiz e leitor voraz (apaixonado pela leitura), despertou-me há alguns anos um desejo (e até um sonho) de desenvolver a carreira de escritor (chego ao décimo livro com esta obra) para contribuir de forma mais exponencial com o aprendizado de pessoas em todos os lugares deste nosso Brasil, colocando em prática meu propósito de vida de "Inspirar pessoas a sonharem+ e aprenderem+, para que, juntos, possamos construir um mundo melhor por meio da Educação".

Em janeiro de 2020, realizei meu primeiro sonho como escritor, que foi a participação como coautor do livro Autoconhecimento e Empoderamento, com o grande mestre de *coaching* no Brasil, José Roberto Marques. Já em junho de 2020, saiu o meu segundo livro como coautor *Liderando juntos*, agora pela Literare Books. Daí em diante, não parei mais de escrever. Em abril de 2021, foi lançado o terceiro, *Otimizando relações*; o quarto, em junho de 2021, Coletânea Literare; o quinto, em agosto de 2021, Passou e Agora?; em outubro de 2021, a minha estreia como coordenador editorial, com o livro *Gestão do RH 4.0*; em fevereiro de 2022, meu segundo livro como coordenador, *Relações trabalhistas e sindicais*; em julho de 2022, mais um livro como coautor na 26º Bienal Internacional do livro, participando da coletânea da Literare Books. Diante de todas essas experiências como coautor e coordenador editorial, surgiu o sonho de lançar meu primeiro livro solo, e este sonho está sendo realizado e compartilhado com vocês nesta obra chamada *Repensando o mundo do trabalho*.

O livro *Repensando o mundo do trabalho* discorre sobre diversos temas de suma importância para gerar reflexões e possibilidades acerca da nova realidade do mundo do trabalho, bem como os desafios futuros desta temática para sociedade em geral.

Na Parte I – "Um mundo disruptivo", reflexões e fatos que reforçam as evidências de mudanças e transformações que o mundo passou e está passando, apresentando os capítulos "O mundo mudou", "Novos modelos de negócios", "A Indústria 4.0" e a "Robotização do trabalho".

Na Parte II – "Novos desafios sociais no trabalho", os principais desafios sociais enfrentados hoje e, também, perspectivas de um olhar de oportunidades, as quais serão apresentadas nos capítulos "*Anywhere office*", "Conflito de gerações", "Diversidade e inclusão", "Adoecimento no trabalho" e "Envelhecimento da população".

Na Parte III – "Fortalecendo as relações no trabalho", a importância de construirmos um ambiente de trabalho focado na harmonia e no respeito nas relações de trabalho, tanto entre pares, gestores e com dirigentes sindicais, que serão detalhados nos capítulos "Liderança humanizada", "Positividade nas relações de trabalho" e "Inteligência sindical no mundo do trabalho".

Na Parte IV – "Carreira e trabalho no século XXI", a proposta de mudança de *mindset* das pessoas para um futuro mais disruptivo com muitas possibilidades e mudanças no contexto de olhar positivamente e buscar se adaptar à nova realidade tecnológica no mundo do trabalho, abordada nos capítulos "Autoconhecimento e propósito de vida", "O novo significado do trabalho", "*Lifelong learning*", "Um novo olhar para carreiras" e "O futuro do trabalho".

Em meu trabalho como Gestor de Recursos Humanos e Relações Trabalhistas e Sindicais, além de professor de pós-graduação, escritor e aluno de grandes mestres, pude aprender muito na minha carreira profissional de mais de 35 anos com passagem por diversas áreas do conhecimento e por empresas multinacionais de grande porte. Toda essa experiência sintetizo neste livro.

Espero que você, leitor que adquiriu este livro, possa se deleitar com informações, conhecimentos e reflexões que serão transformadas em aprendizados para sua carreira e vida, e que este aprendizado não pare por aqui, pois estamos vivendo em um mundo disruptivo com mudanças e inovações diárias, por isso precisamos ser um eterno aprendiz ao longo da nossa vida para podermos acompanhar as mudanças desse mundo disruptivo e exponencial.

Então, desejo a você, leitor, uma viagem extremamente prazerosa e de muito aprendizado. Que realmente este livro possa agregar valor a você e que também possa compartilhar o conhecimento adquirido nesta obra com outras pessoas. Gratidão a você, leitor, e que siga uma jornada contínua Disruptiva e que Viva La Vida intensamente com saúde e luz com seus amigos e familiares, lembrando sempre: "sonho que sonha só é apenas um sonho que sonha só, mas sonho que sonha junto vira realidade".

Não temos ideia de como será o mercado de trabalho em 2050. Sabemos que o aprendizado de máquina e a robótica vão mudar quase todas as modalidades de trabalho. Contudo, há visões conflitantes quanto à natureza dessa mudança e sua iminência. Alguns creem que, dentro de uma ou duas décadas, bilhões de pessoas serão economicamente redundantes. Outros sustentam que, mesmo no longo prazo, a automação continuará a gerar novos empregos e maiores prosperidades para todos.

YUVAL NOAH HARARI

SUMÁRIO

PARTE 1: UM MUNDO DISRUPTIVO

1. O MUNDO MUDOU 17
2. NOVOS MODELOS DE NEGÓCIOS 33
3. INDÚSTRIA 4.0 E A ROBOTIZAÇÃO DO TRABALHO 45

PARTE 2: NOVOS DESAFIOS SOCIAIS NO TRABALHO

4. ANYWHERE OFFICE 57
5. CONFLITO DE GERAÇÕES 65
6. DIVERSIDADE E INCLUSÃO 71
7. ADOECIMENTO NO TRABALHO 79
8. ENVELHECIMENTO DA POPULAÇÃO 87

PARTE 3: FORTALECENDO AS RELAÇÕES NO TRABALHO

9. LIDERANÇA HUMANIZADA 97
10. POSITIVIDADE NAS RELAÇÕES DE TRABALHO............107
11. INTELIGÊNCIA SINDICAL NO MUNDO DO TRABALHO....117

PARTE 4: CARREIRA E TRABALHO NO SÉCULO XXI

12. AUTOCONHECIMENTO E PROPÓSITO DE VIDA 135
13. O NOVO SIGNIFICADO DO TRABALHO 143
14. LIFELONG LEARNING 149
15. UM NOVO OLHAR PARA CARREIRAS.........................157
16. O FUTURO DO TRABALHO..165
CONSIDERAÇÕES FINAIS...177
POSFÁCIO..179
SOBRE O AUTOR 180

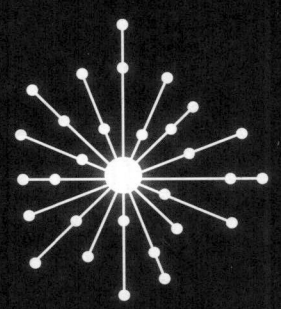

PARTE 1: UM MUNDO DISRUPTIVO

Não faz sentido olhar para trás e pensar: devia ter feito isso ou aquilo, devia ter testado lá. Isso não importa. Vamos inventar o amanhã e parar de nos preocupar com o passado.

STEVE JOBS

1

O MUNDO MUDOU

No capítulo "O mundo mudou", abordarei um resgate das teorias universais (teoria da evolução e teoria do caos), bem como desmistificarei os conceitos sobre os mundos VUCA, BANI e MUVUCA, além de apresentar aos leitores a Sociedade 5.0.

As únicas grandes companhias que conseguirão ter êxito são aquelas que consideram os seus produtos obsoletos antes que outros o façam.

BILL GATES

Ao longo dos tempos, a sociedade vem se transformando de forma contínua, reinventando crenças, hábitos, costumes, relacionamentos, negócios e maneiras de gerir pessoas dentro das organizações.

Todas as transformações ocorridas na sociedade foram impactadas por novas invenções, as quais geraram novos desafios e oportunidades para as pessoas que vivenciaram cada um desses ciclos de transformação.

Os fenômenos sociais surgidos ao longo dos tempos fizeram com que a sociedade se transformasse ou evoluísse para um novo caminhar que, na maioria das vezes, causou grandes rupturas nos modelos sociais existentes na época.

Segundo Samit (2018), "o mundo hiperconectado do século XXI está explodindo com novas oportunidades para empoderamento pessoal e independência financeira. Elas foram lideradas por pessoas que entendem como analisar suas cadeias de valor internas a fim de determinar seus talentos únicos e capacidades e, então, analisar a cadeia de valor dos setores em que atuam para encontrar oportunidades disruptivas".

Para Hawking (2018), "a inteligência humana é caracterizada pela capacidade de se adaptar à mudança. É resultado de gerações de seleção natural sobre indivíduos com capacidade para lidar com as novas circunstâncias. Não devemos, portanto, temer as transformações. Precisamos apenas fazer com que elas operem em nosso benefício".

Ao longo da existência do mundo, tivemos grandes revoluções e transformações, alguns falam em *Big Bang* e outros fenômenos. Trazendo esse contexto, a partir do século XVII, tivemos a Revolução Francesa, Revolução Industrial, Globalização, simbolizado este último fenômeno com a queda do muro de Berlim.

Para Magaldi e Neto (2018), "as transformações pelas quais passa a sociedade são tão velozes que os indivíduos não conseguem perceber racionalmente o processo de mudanças. Seus impactos, no entanto, são e serão mais sentidos do que nunca e, como resultado, emergem discussões e reflexões profundas sobre o futuro da humanidade".

E as mudanças continuam. Estamos vivendo um mundo cada vez mais tecnológico com busca contínua de aumento de produtividade e com grandes desafios sociais.

Todas essas revoluções e transformações foram mapeadas por alguns estudiosos ou instituições sobre a denominação de *framework* e seus respectivos acrônimos, VUCA, MUVUCA e BANI. Mas antes precisamos revisitar as teorias universais da Evolução das Espécies, de Charles Darwin, e a Teoria do CAOS, de John Briggs e David Peat, precursoras do mundo disruptivo.

A Teoria da Evolução

A Teoria da Evolução das Espécies, concebida por Charles Darwin (1809-1882), definiu a evolução como "descender com modificações", defendendo a ideia de que as espécies se transformam ao longo da sua existência, dando origem a novas espécies, sendo originadas de um ancestral comum, ou seja, as espécies estão sempre em evolução.

Figura: Teoria da Evolução. Fonte: Freepik.

A evolução biológica das espécies pode ser conceituada como alterações no organismo que acontecem ao longo do tempo. Segundo Araguaia (2022), em qualquer grupo de espécies, todos os indivíduos possuem ancestrais em comum em algum momento da história evolutiva. Assim, são descendentes deles com modificações e resultam da seleção natural.

As variações da espécie humana de acordo com a Teoria da Evolução acontecem em função da mutação ou reprodução sexuada, podendo ser originadas das variações hereditárias que podem ser reproduzidas para as gerações seguintes.

O desafio da sobrevivência dos seres humanos está em enxergar para onde caminha a humanidade, perceber a mudança e definir estratégias de adaptação aos desafios do momento, garantindo melhor adaptação e, consequentemente, sua sobrevivência.

Ao olharmos as transformações que estamos vivenciando no século XXI, e fazendo uma analogia à Teoria da Evolução, podemos observar que muitas mudanças vieram de modificações de algo que já existia anteriormente, tendo uma relação contextual aos processos de mudanças incrementais.

Em mundo disruptivo, no qual a grande premissa é a quebra de paradigmas, é o pensar diferente, é o questionamento: e por que não? Percebemos cada vez mais a semelhança da aplicação da Teoria da Evolução na sociedade atual, na qual nunca fez tanto sentido a frase de Charles Darwin: "não é o mais forte que sobrevive, nem o mais inteligente, mas o que melhor se adapta às mudanças".

A Teoria do Caos

Na época da mitologia grega, o deus CAOS era considerado um deus primordial e ao mesmo tempo o responsável pela desordem e o caos da humanidade. Esse deus tem uma importância fundamental na mitologia grega, pois é a partir dele que surgiram os outros deuses.

O deus CAOS é a representação da matéria indefinida e desorganizada, na qual todos os elementos são dispersos e desconectados, mas que possui todos os subsídios para a concepção de outros seres, ou seja, o CAOS sendo transformado para gerar novas possibilidades.

Na Teoria do Caos de Edward Lorenz, um dos pontos principais é o fenômeno borboleta, no qual preconiza "que o bater das asas de uma borboleta num extremo do globo terrestre pode provocar uma tormenta no outro extremo no espaço de tempo de semanas". Se compararmos com os fenômenos que estão acontecendo – exemplo: COVID-19 -, perceberemos claramente a correlação do efeito borboleta.

A Teoria do Caos é uma das teorias mais antigas e importantes do universo e, ao mesmo tempo, sendo cada vez mais atual do que nunca. Ela nos remete a fazer uma analogia ao momento presente, em que uma pandemia que aconteceu inicialmente na China gerou um impacto destruidor em todo resto do mundo.

Outro exemplo atual do efeito borboleta é o *lockdown* na China – no primeiro semestre de 2022, o qual provocou uma crise global de logística por falta de insumos eletrônicos para produção de diversos tipos de produtos, impactando negativamente nas indústrias de automóveis e motocicletas no Brasil e no mundo.

E os exemplos não param por aí, temos agora o fenômeno da guerra da Rússia x Ucrânia – completou 100 dias no final de junho de 2022. Essa guerra tem provocado um efeito borboleta na falta de fertilizantes, impactando em toda cadeia logística e produção de armamento na Europa e Estados Unidos, sem falar na movimentação de exercícios militares na Coreia do Norte.

Portanto, os desafios do século XXI são entendidos como fenômenos interligados em todo o globo terrestre, tendo a plena consciência de que todas as grandes decisões e fenômenos locais podem ter efeitos globais. Só conseguiremos sobreviver a esses efeitos borboletas se nos adaptarmos continuamente às mudanças globais, as quais não surgem mais de forma lenta e esporádica, mas, sim, contínua e exponencial.

O Mundo VUCA

O mundo VUCA foi concebido no final dos anos de 1990 pelo exército americano, que vivia um período de pós-guerra fria com a antiga União Soviética, sendo que neste período foi criado o *framework* VUCA para identificar os desafios desse novo mundo.

Figura: O Mundo VUCA. Fonte: o próprio autor.

O acrônimo "V", do *framework* VUCA, representa a volatilidade, a qual contextualiza que o mundo está mudando rapidamente e que, para nos posicionarmos de forma assertiva, precisamos reagir rápido a todas as mudanças que estão ocorrendo no mundo. Para que possamos acompanhar essas mudanças, precisamos transformar nosso *mindset* fixo para um *mindset* de crescimento, ficando sempre alerta às mudanças e reagindo rápido a elas; do contrário, seremos engolidos pelo tsunami da volatilidade.

O acrônimo "U", do *framework* VUCA, representa a incerteza. Essa incerteza está ligada diretamente ao movimento do mundo que acontece inesperadamente, provocando um caos e efeitos borboletas em todo globo terrestre. Para que possamos mitigar os riscos das incertezas, precisamos monitorar tudo que acontece em todas as esferas mundiais – econômica, social, saúde, negócios e mundo do trabalho. Só assim poderemos tomar ações rápidas para mitigar as situações de extrema incerteza tanto mundiais como locais.

O acrônimo "C", do *framework* VUCA, representa a complexidade impactada fortemente pelas incertezas e volatilidade dos acrônimos anteriores, necessitando, de forma rápida e precisa, de uma quantidade gigantesca de informações e dados para tomada de decisões, de forma que possa, com assertividade, mitigar os riscos desse mundo disruptivo.

Por último, o acrônimo "A", do *framework* VUCA, representa a ambiguidade do mundo disruptivo, da dicotomia de pensamentos, do conflito de fenômenos, da convivência entre realidades distintas e da ambidestralidade. Essa ambiguidade deverá ser trabalhada nas diversas esferas da sociedade, para entendermos as diversas situações conflitantes como oportunidades de gerar novas possibilidades; caso contrário, focaremos no conflito da ambiguidade e não geraremos riqueza a partir dos opostos. Exemplo: conflito ou encontro de gerações, inovação pela diversidade, novas tevês decorrentes de antíteses.

O Mundo BANI

No início de 2018, o futurólogo americano Jamais Cascio criou o *framework* BANI, defendendo a tese de que o mundo VUCA não conseguia mais explicar o cenário do mundo atual e que todas as incertezas do mundo estão criando um mundo ansioso, complexo e não linear.

Em entrevista à Revista Você RH, Jamais Cascio falou sobre a diferença entre o mundo VUCA e o mundo BANI: "VUCA é Volátil, Incerto, Complexo e Ambíguo, descreve a natureza dos sistemas globais quando estão funcionando mais ou menos conforme o planejado. Um mundo interdependente e conectado globalmente... Já o mundo BANI é Frágil, Ansioso, Não Linear e Incompreensível, descreve o que acontece quando um mundo VUCA se quebra. Quando sistemas complexos não coevoluem, eles reagem entre si de maneiras potencialmente explosivas. BANI é uma forma de enquadrar um mundo de caos. Quando você tem sistemas que são incapazes de funcionar sob estresse, você obtém BANI".

Brittle (Frágil) — Estamos suscetíveis a catástrofes a qualquer momento, e todas as empresas estão construídas sobre uma base quebradiça, que pode desmoronar da noite para o dia.

Anxious (Ansioso) — Todo esse medo constante ocasionado pela fragilidade do mundo gera ansiedade, uma das doenças mais comuns das gerações atuais. O mundo está ansioso, e isso se reflete no mercado de trabalho.

Nonlinear (Não-linearidade) — Estamos vivendo em um mundo cujos eventos parecem desconectados e desproporcionais, graças ao estranhamento e esgotamento ocasionados pelo isolamento social.

Incomprehensible (Incompreensível) — Com a quantidade crescente de inovações, dados sendo gerados e o surgimento do Big Data, a procura por respostas e predições só aumenta. A incompreensibilidade é uma consequência dessa sobrecarga de informações e do rápido avanço tecnológico.

Figura: O Mundo BANI. Fonte: o próprio autor.

O acrônimo "B", do *framework* BANI, representa a visão de um mundo *brittle* (frágil), o qual está cheio de incertezas que podem surgir em qualquer parte do mundo e que tornam as organizações e sociedade frágeis perante as catástrofes e pandemia, comparando ao efeito borboleta citado na teoria do caos.

O acrônimo "A", do *framework* BANI, representa o mundo ansioso, o qual é impactado pelas grandes incertezas, e isso está provocando o surgimento de uma sociedade preocupada com fatos negativos que possam ocorrer no futuro.

O acrônimo "N", do *framework* BANI, representa que vivemos um mundo não linear, que as coisas acontecem de forma desconectada e aleatória, e que as organizações não se desenvolvem mais de forma linear e, sim, de forma exponencial, provocando a necessidade de repensar como construir o futuro e lidar com o presente.

O acrônimo "I", do *framework* BANI, representa a incompreensão da quantidade de informações disponíveis para tomada de decisão e as inovações tecnológicas contínuas e cada vez mais rápidas. Para tomar uma decisão, é necessária uma quantidade gigantesca de dados.

O Mundo MUVUCA

M U V U C A

Universal — Sempre precisamos analisar o impacto de nossas decisões. O que se faz aqui pode repercutir muito além de nosso quadrado.

Meaningful — Tudo o que realizamos precisa fazer sentido, ter propósito ou significado.

Figura: O Mundo MUVUCA. Fonte: o próprio autor.

Não se conhece oficialmente quem foi o criador do *framework* MUVUCA, mas está sendo bastante difundido e aceito como referência para descrever o mundo atual. O mundo MUVUCA é uma ampliação do *framework* VUCA, no qual foram acrescentados os acrônimos M e U.

Os acrônimos "M" e "U", que foram acrescentados ao mundo VUCA, representam uma evolução do mundo VUCA, um sentido maior de existência, focado na busca por carreiras e negócios que têm um propósito e significado mais altruísta, referido pelo acrônimo "M = *meaningful*". Já segundo acrônimo "U = universal", incluído no mundo VUCA, tem a ver com uma visão quântica e universal de preocupação com a sustentabilidade do ecossistema, primando pelo pensar antes de agir sobre os impactos que uma tomada de decisão pode ocasionar na sociedade, meio ambiente e nas pessoas.

Para Kruel, Borneli e Franceschi (2021), "o novo mundo se comporta de maneira completamente instável. A volatilidade é sua natureza essencial. Nele, nada fica em seu estado de origem por muito tempo. Ele muda hábitos, cria miragens e não se permite agarrar. Seu estado normal é a impermanência, e a mudança está completamente entremeada ao nosso cotidiano, cada vez mais travestida de normalidade".

Segundo Giardelli (2022), "tudo está ocorrendo em uma velocidade estonteante, e é realmente difícil entender, acompanhar e assimilar. Estamos saindo de um tempo em que a economia dependia unicamente da produção e comercialização de objetos, de commodities e de infraestrutura, entrando no limiar de uma economia circular, digital, de baixa emissão de carbono e pós-industrial".

De fato, estamos vivendo um verdadeiro MUVUCA no mundo atual, pois os fenômenos sociais, pandêmicos e tecnológicos surgem de todos os lados e de forma veloz e contínua, gerando incertezas quanto ao futuro da humanidade, dos negócios e do trabalho, além de novos modelos de negócios mais disruptivos e exponenciais, os quais geram complexidade para tomada de decisões, cheio de ambiguidades e dicotomias (velho e o novo, analógico e digital), sendo que a nova geração que está chegando ao mercado de trabalho busca organizações e atividades que tenham um propósito alinhado ao de vida e que esteja preocupado com o futuro do planeta e da humanidade.

A Sociedade 5.0

Sociedade 5.0 é uma proposta de modelo de organização social em que tecnologias emergentes são usadas para criar soluções com foco nas necessidades humanas, de forma que possam contribuir fortemente para melhorar a qualidade de vida e bem-estar, por meio da construção de *smart cities* (cidades inteligentes).

De acordo com artigo da FIA Business School intitulado "Sociedade 5.0: o que é, objetivos e como funciona", "Sociedade 5.0 é uma proposta de modelo de organização social em que tecnologias como *big data*, inteligência artificial e *internet* das coisas (IoT) são usadas para criar soluções com foco nas necessidades humanas. Esse modelo busca prover os serviços necessários para o bem-estar a qualquer hora, em qualquer lugar e para qualquer pessoa. Isso acontece graças ao planejamento de cidades totalmente conectadas, nas quais o ciberespaço se integra de maneira harmônica com o mundo físico".

Em um mundo disruptivo, onde as mudanças passaram a ser uma rotina, aumentando as incertezas, tornando o mundo frágil, gerando ansiedade nas pessoas, em que os negócios não se desenvolvem mais de forma linear e sim exponencial, além da ambiguidade das coisas e fenômenos, tudo isso fez com que houvesse uma busca intensa para soluções que pudessem agregar maior bem-estar à vida das pessoas em decorrência de todos os desafios que estão acontecendo e que virão a acontecer no século XXI. Aí surge uma nova proposta de sociedade chamada Sociedade 5.0, a qual tem como premissa utilizar de forma eficaz e eficiente as tecnologias emergentes – principalmente as tecnologias da indústria 4.0 para gerar qualidade de vida e bem-estar à sociedade.

Segundo o artigo de Dinis Guarda, "o conceito de Sociedade 5.0 foi proposto pela primeira vez no 5º Plano Básico de Ciência e Tecnologia pelo governo japonês como uma sociedade futura a que o Japão aspira. Segue-se a sociedade de caça (Sociedade 1.0), sociedade agrícola (Sociedade 2.0), sociedade industrial (Sociedade 3.0) e sociedade da informação (Sociedade 4.0)".

De acordo com Giardelli (2022), "o Japão discute a sociedade 5.0 ou sociedade da imaginação, que coloca a criatividade no centro dos processos. Ela é composta pelo *Human to Human*, o H2H, centralizada no ser humano e em seus três S - *science, society, spirituality*, ou ciência, sociedade e espiritualidade, que utiliza as fronteiras das tecnologias cibernéticas para melhorar saúde, mobilidade, educação, produtividade, desafios sociais, dados abertos, segurança digital e governança mundial de dados".

Para Diamandis e Kotler (2019), "a humanidade está adentrando um período de transformação radical em que a tecnologia tem o potencial de elevar substancialmente os padrões de vida básica de todos os homens, mulheres e crianças do planeta".

A Sociedade 5.0 está sendo implementada com o conceito de *smart cities* (cidades inteligentes), as quais são providas das mais modernas tecnologias para serem utilizadas em qualquer lugar e hora para gerar qualidade de vida às pessoas, reduzindo o tempo gasto com transporte, trabalho, logísticas pessoais e eventos que impactavam negativamente a rotina das pessoas, além de oferecer soluções eficazes e eficientes para gestão da saúde e bem-estar.

Segundo o Hitachi Innovation, "o enorme potencial da Revolução da Indústria 4.0 está abrindo o caminho para as nações abraçarem a Sociedade 5.0, a realidade futura como um trampolim para uma próspera sociedade centrada em dados Super Smart centrada em humanos. A Inovação Social está combinando novas tecnologias como IoT, AI, Robotics, Big Data com Advanced Analytics capazes de alcançar uma sociedade próspera e prospectiva que equilibre o avanço econômico com a resolução de problemas sociais".

Nesse contexto, as tecnologias emergentes integram as diversas áreas da sociedade – indústria, varejo, transporte, saúde, educação, entretenimento, segurança pública, a fim de gerar uma sinergia e oferecer soluções inteligentes para melhorar a qualidade de vida e bem-estar das pessoas.

Enfim, estamos passando pelo momento de transformação na sociedade como um todo e as tecnologias emergentes são o meio que poderão contribuir para melhorar a qualidade de vida das pessoas nos seus mais diversos pontos de convivência e conexão, buscando delegar para as tecnologias aquilo que não agrega valor para gerar qualidade de vida e bem-estar às pessoas, e isso se baseia na construção da Sociedade 5.0, ou seja, cidades inteligentes.

Referências

BRIGGS, John; PEAT, F. David. *A sabedoria do caos: sete lições que vão mudar sua vida*. São Paulo: Campus, 2000.

DARWIN, Charles. *A origem das espécies: a origem das espécies por meio da seleção natural ou a preservação das raças favorecidas na luta pela vida*. 2ª ed. São Paulo: Martin Claret, 2014.

DIAMANDIS, Peter H.; KOTLER, Steven. *BOLD: oportunidades exponenciais: um manual prático para transformar os maiores problemas do mundo nas maiores oportunidades de negócios ... e causar impacto positivo na vida de bilhões.* Rio de Janeiro: Alta Books, 2018.

_____. *Abundância: o futuro é melhor do que você imagina.* Rio de Janeiro: Alta Books, 2019.

DINIS GUARDA. Disponível em: <https://www.intelligenthq.com/society-5-0-achieve-human-centered-society/>.

FIA BUSINESS SCHOOL. Disponível em: <https://fia.com.br/blog/sociedade-5-0/>.

GIARDELLI, Gil. *Pensando o impensável – como sobreviver a um presente caótico e preparar-se para o futuro promissor.* Porto Alegre: Citadel, 2022.

HAWKING, Stephen. *Breves respostas para grandes questões.* Rio de Janeiro: Intrínseca, 2018.

HITACHI INNOVATION. Disponível em: <https://social-innovation.hitachi/en-in/knowledge-hub/viewpoint/society-5-0/>.

KRUEL, Cristiano; BORNELI, Júnior; FRANCESCHI, Piero. *Organizações infinitas: o segredo por trás das empresas que vivem para sempre.* São Paulo: Gente, 2021.

MAGALDI, Sandro; NETO, José Salibi. *Gestão do amanhã: tudo o que você precisa saber sobre gestão, inovação e liderança para vencer na 4ª revolução industrial.* São Paulo: Gente, 2018.

REVISTA VOCÊ RH. Disponível em: <https://vocerh.abril.com.br/futurodotrabalho/criador-do-termo-bani-explica-como-sobreviver-na-era-do-caos/>.

2
NOVOS MODELOS DE NEGÓCIOS

Neste capítulo, apresentarei novos modelos de negócios que estão disruptando modelos tradicionais e que utilizam fortemente as tecnologias para exponencializar seus negócios.

As mudanças da Indústria 4.0 são tão profundas que, na perspectiva da história da humanidade, nunca houve um momento tão potencialmente promissor ou perigoso.

KLAUS SCHWAB

Sejam bem-vindos ao mundo disruptivo das *startups*, organizações exponenciais e plataforma de negócios, verdadeiras revoluções nos modelos tradicionais de negócios e que, para entendê-las, as pessoas precisam desenvolver um novo *mindset*.

Para Christensen (2003), "a disrupção exerce efeito paralisante sobre os líderes setoriais. Em face de processos de alocação de recursos desenvolvidos e aperfeiçoados para promover inovações sustentadoras, os líderes setoriais tornam-se constitutivamente incapazes de reagir".

Segundo Neto e Magaldi (2018), "a *internet* inaugurou uma nova fase da adoção tecnológica que pode ser traduzida como era digital. Se na primeira fase desse movimento surgiram organizações responsáveis por popularizar a utilização da tecnologia por toda a sociedade, nessa nova era apareceram outras que reinventaram a forma de fazer negócios e inauguraram setores e negócios até então inimagináveis".

De acordo com Rogers (2018), "se a eletrificação foi transformadora, ao mudar restrições fundamentais na manufatura, o impacto da era digital é ainda maior, por alterar as restrições sob as quais operam praticamente todos os componentes da estratégia de negócios".

Em um mundo disruptivo, surge também disrupção no mundo dos negócios, no qual a concorrência deixou de ser apenas entre empresas multinacionais e foram inclusos nesse jogo novos entrantes surgidos individualmente ou em sociedade de amigos em pequenas garagens que estão transformando todo um segmento de negócios com ideias e produtos inovadores com implementações ágeis.

Startups

Uma das premissas iniciais para o surgimento de uma *startup* é desenvolver determinada solução para resolver uma dor da sociedade. Esta solução deve surgir de uma ideia que, em seguida, será transformada em um MVP (*minimum value product*) para ser lançado no mercado para testagem, o qual deverá receber ajustes após *feedback* dos clientes, a fim de ganhar tração e desenvolver a aceleração.

Para Reis apud Maurya (2018), "vivemos na era do empreendedorismo. A maior parte do crescimento líquido de novos empregos nos Estados Unidos nas últimas décadas foi proveniente de *startups* de alto crescimento. Todos nós saímos ganhando com a criação de condições que promovam o empreendedorismo".

O grande berço das *startups* é o Vale do Silício, de onde nasceram os principais *players* do mercado, empresas que são construídas para atuarem em negócios e mercados de alto riscos e incertezas.

Segundo Thiel (2014), "o rápido progresso da Tecnologia da Informação (TI) nas últimas décadas tornou o Vale do Silício a capital da tecnologia em geral. Mas não há motivo para a tecnologia se limitar aos computadores. Entendida da maneira correta, qualquer forma nova e melhor de criar coisas é tecnologia".

O grande modelo para criação de *startups* é o modelo criado por Eric Reis – *Startup* Enxuta. Essa expressão representa o título da metodologia criado por ele que tem como foco metodologias de desenvolvimento do Cliente – criada por Steve Blank, do desenvolvimento ágil de softwares e das práticas LEAN (adaptadas do sistema Toyota de Manufatura Enxuta).

As *startups* democratizaram a criação de novos negócios. Ao contrário do passado, em que para se constituir um novo negócio era necessário investimento, no processo inicial de construção de *startups* pode-se construir novos negócios com o mínimo de recursos e sem estrutura física e de pessoal, somente com o idealizador ou idealizadores do negócio.

De acordo com Maruya (2018), "vivemos numa era de oportunidades sem igual para inovar. Com o advento da *internet*, da computação em nuvem e do *software* de código aberto, o custo de criar produtos nunca foi tão baixo".

Para Blank (2021), "a jornada do herói é uma boa forma de encarar as *startups*. Empresas e produtos começam com uma visão quase mitológica – grandes expectativas e um objetivo que poucos compreendem. E essa visão imaginativa e ambiciosa que diferencia o empreendedor e as *startups* dos CEOs das grandes empresas".

O caminho percorrido por uma *startup* é de um mar de incertezas, cheio de tempestades, em que os riscos são altíssimos, mas aquelas que conseguem superar os desafios nesse mar vermelho e migrar para o oceano azul reinarão soberanas em determinado negócio ou segmento.

Segundo Reis (2018), "o pessoal das *startups* é rebelde. Discordamos em muitas coisas. No entanto, nossas facções e disputas escondem uma verdade profunda: todos da comunidade de *startups* seguem uma série de convicções bem arraigadas. Essas convicções constituem a verdadeira base das estruturas que permitem que as *startups* ao estilo Vale do Silício alcancem sua mistura única de tomada de riscos e crescimento rápido".

A transformação digital e a *internet* revolucionaram a forma como idealizamos negócios, necessitando repensar a forma tradicional, hierárquica, não linear de grandes investimentos, grandes estruturas de pessoal, grandes estruturas físicas. O modelo do empreendedorismo baseado em *startup* é a verdadeira democratização na criação de negócios. Qualquer pessoal, de qualquer classe social, pode criar uma empresa que pode disruptar mercados e produtos existentes e conseguir navegar em um oceano azul.

Organizações exponenciais

O modelo de organizações exponenciais vem disruptando negócios tradicionais, transformando a forma de fazer negócios no século XXI com empresas enxutas e que utilizam as tecnologias para gerar inovação disruptiva nos mais diversos segmentos comerciais e industriais, destruindo *players* existentes e reescrevendo novas formas de negócios com crescimentos exponenciais.

Com o advento de novas tecnologias, principalmente da *internet* associada à melhoria contínua de velocidade da rede, novas possibilidades de negócios globais foram surgindo nos últimos anos, principalmente negócios que, além do uso de tecnologias, adotam pilares de colaboratividade, compartilhamento e novas experiências com foco central no cliente.

Segundo Diamandis e Kotler (2019), "se você quiser saber se a tecnologia está acelerando com velocidade suficiente para trazer uma era de abundância, precisa saber como prever o futuro".

De fato, as tecnologias estão acelerando como nunca, visto antes o surgimento de novos modelos de negócios, os quais aparecem para atender dores da sociedade e que crescem em uma velocidade extraordinária, possibilitando o crescimento exponencial de vendas e ao mesmo tempo destruindo negócios tradicionais que se desenvolvem de forma linear ou incremental, enquanto as organizações exponenciais crescem graças às tecnologias de forma não linear, ou seja, exponencial.

Mas afinal, o que é uma organização exponencial? Qual a estratégia por trás dessas organizações? O primeiro questionamento para construir uma organização exponencial é se perguntar: você está trabalhando em algo que pode mudar o mundo?

Organização exponencial, ou ExO, é um lugar onde nem o tamanho, reputação, poder financeiro, mercado e influência atual podem garantir que estará vivo no futuro, mas também um lugar que, se você conseguir criar uma organização escalável, veloz e inteligente, pode disruptar um mercado.

Na maioria das vezes, as organizações exponenciais são originadas de *startups*, adotando modelos ágeis de implementação de produtos com extrema velocidade, a partir de um modelo mínimo viável de produto como vamos detalhar posteriormente neste livro.

A empresa Waze é um exemplo de organização exponencial que surgiu como *startup* no Vale de Israel com a proposta de monitorar as informações de tráfego no mundo todo por meio da tecnologia GPS dos *smartphones*, enquanto a empresa que foi disruptada adotava um modelo tradicional de instalação de pequenos satélites em determinados locais para monitorar o tráfego, exigindo alto investimento e uma grande estrutura de pessoal e TI para suportar seu modelo de negócio. Com o surgimento do Waze, com apenas 2 (dois) sócios utilizando as informações de geolocalização dos *smartphones* com custo zero para obter as informações e sem estrutura de pessoal, disruptou-se o negócio da empresa existente (empresa do grupo Nokia), levando-a à falência com o crescimento exponencial do Waze atrelado ao uso e aquisição das pessoas pelos *smartphones*.

Segundo Ismail, Malone e Geest (2015), "uma organização exponencial (ExO) é desproporcionalmente grande – pelo menos dez vezes maior – comparação de seus pares, devido ao uso de novas técnicas organizacionais que alavancam as tecnologias aceleradas. Em vez de usar exércitos de colaboradores ou grandes instalações físicas, são construídas com base nas tecnologias da informação".

Para Diamandis e Kotler (2018), "atualmente, a tecnologia exponencial está expulsando do mercado não apenas as empresas lineares, mas também os setores lineares. Vem mudando toda a paisagem, rompendo processos industriais tradicionais como o de invenção de bens de consumo e sua colocação no mercado. Para o empreendedor certo, existem muitas oportunidades nessa disrupção".

PTM
(Propósito transformador massivo)

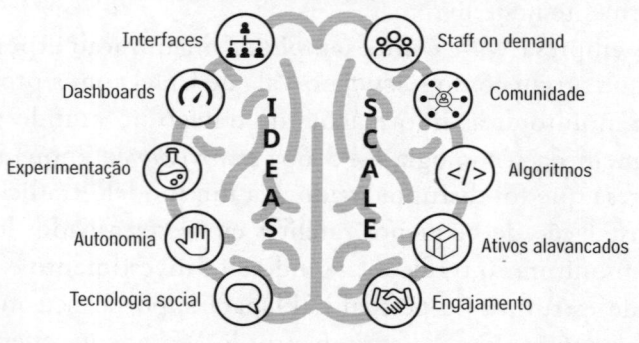

- Interfaces
- Dashboards
- Experimentação
- Autonomia
- Tecnologia social

IDEAS | SCALE

- Staff on demand
- Comunidade
- Algoritmos
- Ativos alavancados
- Engajamento

Figura: MTP. Fonte: Livro Organizações Exponenciais (2015).

Um dos pilares principais de uma organização exponencial é a definição de seu propósito transformador massivo (PTM), o qual deve ser definido com um pensar grande, ou seja, deve sonhar alto e pensar em resolver um grande problema da humanidade, sendo a transformação radical o objetivo fundamental. Alguns exemplos de PTM:

- TED: "ideias que merecem ser espalhadas";
- Google: "organizar a informação do mundo";
- *Singularity University*: "impactar positivamente um bilhão de pessoas".

Para Kruel, Borneli e Franceschi (2021), "aprendemos com as Organizações Exponenciais que uma organização para alcançar o status de extraordinária precisa de um propósito que preencha as necessidades humanas e de estruturas que não sejam sinônimas de hierarquia, mas de igualdade de direitos e status".

Ainda Ismail, Malone e Geest (2015), "um ambiente baseado em informações proporciona oportunidades fundamentalmente disruptivas. Existem milhares de disrupções semelhantes ocorrendo em toda a economia global. Uma mudança profunda está acontecendo de um substrato físico para um substrato da informação".

As organizações exponenciais utilizam as tecnologias emergentes e a informação como fatores preponderantes para criar modelos de negócios disruptivos e eliminar negócios tradicionais, que eram considerados *players* de determinados segmentos e mercados.

Plataforma de negócios

As plataformas de negócios são empresas baseadas na plataforma da *internet* e tecnologias emergentes com pensamento sistêmico de integração e cooperação com todos os *stakeholders* da cadeia de negócios, uma verdadeira revolução na estratégia de negócios.

No contexto de negócios, a plataforma é uma empresa que executa um modelo o qual, em vez de oferecer um produto específico, permite as interações entre dois ou mais *players* sobre isso. Um dos elementos característicos dos negócios de plataformas são os efeitos da rede.

Empresas como Alibaba, Amazon, Uber, Airbnb, Ebay, PayPal, Facebook e tantas outras utilizam de plataformas de negócios que possibilitam criar um modelo de cooperação baseado em ecossistema, no qual clientes, fornecedores, proprietários e provedores fomentam a comercialização de produtos e serviços em escalas exponenciais.

O modelo de plataforma é uma verdadeira revolução nas estratégias que usam modelo de ecossistemas para tornar seus negócios disruptivos e exponenciais, agregando valor a todos que participam da cadeia de valor.

Segundo Parker, Alatyne e Choudary (2016), plataforma de negócios é um novo modelo de negócios que usa tecnologia para conectar pessoas, organizações e recursos em um ecossistema interativo, no qual podem ser criadas e trocadas quantidades incríveis de valor.

Para compreender melhor a diferença entre um negócio com estratégia tradicional e um negócio baseado em estratégia de plataforma, devemos entender que um negócio tradicional utiliza o conceito de *pipeline*, o qual segue um esquema de crescimento passo a passo para criar e transferir valor com os *stakeholders*. Já no modelo de estratégia de negócio baseado em plataforma, diversos tipos de *stakeholders* conectam-se e interagem utilizando os recursos disponibilizados pela plataforma, criando conjuntamente valor e, em vez de crescerem numa linha reta (passo a passo), crescem numa linha exponencial, gerando possibilidades infinitas de ganho de valor para todos os *stakeholders* do ecossistema.

De acordo com Parker, Alatyne e Choudary (2016), no mercado de plataforma, a natureza do fornecimento muda. Capacidades ociosas são descobertas e a comunidade, que antes costumava apenas demandar, passa a contribuir como fornecedora. Enquanto as empresas tradicionais mais enxutas funcionam com estoque *just-in-time*, as plataformas de negócios operam com estoque *not-even-time* ("que nem é meu").

Empresas que operam negócios com a estratégia de plataforma e se utilizam do ecossistema com fornecedores, clientes, provedores e proprietários trabalham com estruturas enxutas, utilizando a informação como matéria-prima para tornar seus negócios enxutos, ágeis, com grande escala de valor para todos que participam do ecossistema.

Referências

BLANK, Steve. *Do sonho à realização em 4 passos: estratégias para criação de empresas de sucesso.* Rio de Janeiro: Alta Books, 2021.

CHRISTENSEN, Clayton M. *O crescimento pela inovação: como crescer de forma sustentada e reinventar o sucesso.* Rio de Janeiro: Elsevier, 2003.

DIAMANDIS, Peter H.; KOTLER, Steven. *BOLD: oportunidades exponenciais: um manual prático para transformar os maiores problemas do mundo nas maiores oportunidades de negócios ... e causar impacto positivo na vida de bilhões.* Rio de Janeiro: Alta Books, 2018.

_____. *Abundância: o futuro é melhor do que você imagina.* Rio de Janeiro: Alta Books, 2019.

ISMAIL, Salim; MALONE, Micahel S.; GEEST, Yuri V. *Organizações exponenciais: por que elas são 10 vezes melhores, mais rápidas e mais baratas que a sua (e o que fazer a respeito).* São Paulo: HSM Editora, 2015.

KRUEL, Cristiano; BORNELI, Júnior; FRANCESCHI, Piero. *Organizações infinitas: o segredo por trás das empresas que vivem para sempre.* São Paulo: Gente, 2021.

MAGALDI, Sandro; NETO, José Salibi. *Gestão do amanhã: tudo o que você precisa saber sobre gestão, inovação e liderança para vencer na 4ª revolução industrial.* São Paulo: Gente, 2018.

MARUYA, Ash. *Comece sua startup enxuta: aprenda a aplicar a metodologia Lean em seu (novo) negócio.* São Paulo: Saraiva Educação, 2018.

PARKER, Geoffrey G.; ALSTYNE, Marshall W. Van; CHOUDARY, Sanget Paul. *Plataforma a revolução da estratégia: o que é a plataforma de negócios, como surgiu e por que transforma a economia em alta velocidade.* São Paulo: HSM Brasil, 2016.

REIS, Eric. *A startup enxuta: como os empreendedores atuais utilizam a inovação contínua para criar empresas extremamente bem-sucedidas*. Rio de Janeiro: LeYa, 2012.

_____. *O estilo startup: como as empresas modernas usam o empreendedorismo para se transformar e crescer*. Rio de Janeiro: LeYa, 2018.

ROGERS, David L. *Transformação digital: repensando o seu negócio para a era digital*. São Paulo: Autêntica Business, 2018.

THIEL, Peter. *De zero a um: o que aprender sobre empreendedorismo com o Vale do Silício*. Rio de Janeiro: Objetiva, 2014.

3
INDÚSTRIA 4.0 E A ROBOTIZAÇÃO DO TRABALHO

O capítulo sobre Indústria 4.0 e a robotização do trabalho traz informações e reflexões sobre os impactos que a robotização trará para o mundo do trabalho.

A Indústria 4.0 ou Quarta Revolução Industrial é uma das revoluções industriais mais impactantes que aconteceram na sociedade. Diferentemente das revoluções anteriores, nas quais predominava o surgimento de tecnologias isoladas, a Quarta Revolução Industrial traz diversas tecnologias novas e, ao mesmo tempo, novas tecnologias oriundas de tecnologias já existentes, proporcionando possibilidades de aplicações em conjunto das diversas tecnologias para agregar valor aos negócios dos mais diversos segmentos, além de provocar uma verdadeira transformação no mundo do trabalho.

Revisitando as revoluções industriais

Cada revolução industrial teve papel transformacional. Todas elas capitaneadas por novas tecnologias que disruptaram a indústria da época e provocaram grandes mudanças na sociedade. Em um primeiro momento, havia grande preocupação que essas novas tecnologias reduzissem drasticamente os empregos. No entanto, houve grande expansão.

Segundo Suzman (2022), "a primeira revolução industrial foi cuspida das chaminés enegrecidas de fuligem com força dos motores a vapor movidos a carvão; a segunda saltou das tomadas elétricas nas paredes; e a terceira tomou a forma de microprocessador eletrônico".

A Primeira Revolução Industrial ocorreu em meados do século XIII (1760-1840) na Inglaterra com o surgimento da máquina a vapor e introdução de máquinas no processo produtivo, provocando uma mudança radical no trabalho e na sociedade. As pessoas que trabalhavam como artesãos na zona rural migraram para zona urbana para trabalharem nas indústrias têxteis de forma assalariada, gerando grande expansão de postos de trabalho e riqueza na sociedade.

A Segunda Revolução Industrial, surgida novamente na Inglaterra no final do século XIII (1850-1945), foi capitaneada pela eletricidade, aços, petróleo e o progresso nos meios de transportes e telecomunicações, com destaque para o surgimento da indústria automobilística, de navios de aços e das invenções do avião, da refrigeração mecânica e do telefone. Essa revolução provocou uma alavancagem na economia e nas condições financeiras de toda a sociedade com a abundância de vagas de empregos, principalmente na indústria automobilística.

A Terceira Revolução Industrial, surgida nos Estados Unidos, foi capitaneada pelo surgimento de computadores e telecomunicações, além de grandes avanços na ciência e viagem do homem à Lua. Em nível econômico, consolidou-se o modelo de capitalismo nas grandes nações com o fim da URSS. Esse período também foi marcado pela introdução de novas fontes de energias, tais como a nuclear, a solar, a eólica e amplo desenvolvimento da engenharia genética e biotecnologia, além de novos métodos de agriculturas.

A Quarta Revolução Industrial ou Indústria 4.0

Estamos vivendo a onda da Quarta Revolução Industrial ou mais conhecida como Indústria 4.0, a qual se tornou um dos maiores fenômenos empresariais, social e tecnológico de todos os tempos, capitaneada por diversas tecnologias emergentes que estão revolucionando os processos fabris, agricultura, medicina e serviços.

Para Schwab (2016), "as tecnologias digitais, fundamentadas no computador, *software* e redes, não são novas, mas estão causando rupturas à terceira revolução industrial, estão se tornando mais sofisticadas e integradas e, consequentemente, transformando a sociedade e a economia global".

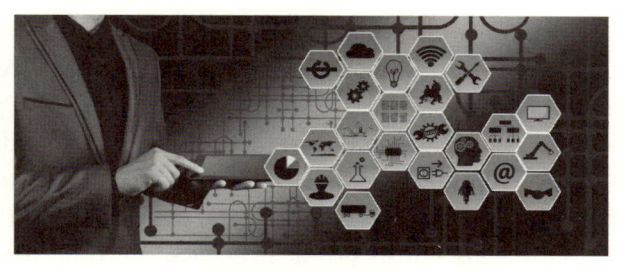

Figura: Indústria 4.0.

A Indústria 4.0 teve sua primeira menção pública em 2011, em Hanover, Alemanha. Ela é composta de um conjunto de tecnologias inovadoras como inteligência artificial, *internet* das coisas, realidade virtual, realidade aumentada, computação nas nuvens, *big data*, robótica e outras, as quais, utilizadas em forma de sistema interconectado, aumentam a produtividade e a qualidade de processos, principalmente processos com contexto operacional e repetitivo, sendo seu foco principal a criação de fábricas inteligentes, as quais podem tornar seus processos produtivos autônomos, eficientes e customizáveis.

De acordo com o Portal da Indústria da CNI, a Indústria 4.0 tem impacto significativo na produtividade, pois aumenta a eficiência do uso de recursos e no desenvolvimento de produtos em larga escala, além de propiciar a integração do Brasil em cadeias globais de valor.

De certa forma, a Quarta Revolução Industrial ou Indústria 4.0 é um movimento de transformação digital e, ao mesmo tempo, de transformação social. A partir dos impactos causados por suas tecnologias nos negócios, desencadeia a necessidade de construção de novas formas de trabalho, principalmente no chão de fábrica, mas que não se restringe ao segmento industrial, seu alcance é muito maior e impactará todas as áreas do conhecimento e todas as atividades profissionais, provocando um novo repensar no mundo dos negócios e do trabalho.

Segundo Rogers (2018), "as regras de negócios mudaram. Em todos os setores de atividade, a difusão de novas tecnologias digitais e o surgimento de novas ameaças disruptivas está transformando modelos e processos de negócios. A revolução digital está virando de cabeça para baixo o velho guia de negócios".

As Tecnologias Emergentes da Indústria 4.0 podem ser utilizadas de forma isolada ou combinada. Quando são utilizadas de forma combinada, provocam uma verdadeira disrupção de produtividade e qualidade nos processos fabris ou em atividades com características repetitivas e operacionais.

Segundo Magaldi e Neto (2018), "a 4ª revolução industrial repousa suas bases na era digital e se caracteriza por uma *internet* muito mais onipresente e móvel, por sensores cada vez menores, mais poderosos e mais acessíveis e pela inteligência artificial e máquinas que aprendem (*machine learning*)".

Um dos grandes desafios da Indústria 4.0 está relacionado à extinção de postos de trabalho no chão de fábrica – há uma forte diminuição tanto de postos de trabalho quanto de atividades repetitivas e braçais com a adoção das tecnologias da Indústria 4.0.

Nesse novo mundo disruptivo, é necessário que todos os profissionais planejem seu futuro de carreira, estejam alinhados com o movimento da Indústria 4.0; do contrário, se tornarão obsoletos nesse novo contexto industrial e tecnológico.

A robotização do trabalho

Nos últimos tempos, muito se tem falado que os robôs substituirão as pessoas nos processos produtivos, principalmente nas atividades repetitivas e operacionais. E esse cenário se intensificou mais ainda com a expansão da indústria 4.0 ao redor do mundo. Mas o que é verdade e mentira sobre a robotização do trabalho?

Segundo Schwab (2016), "até recentemente, o uso dos robôs estava confinado às tarefas rigidamente controladas de indústrias específicas; a automotiva, por exemplo. Hoje, no entanto, os robôs são cada vez mais utilizados em todos os setores e para uma gama de tarefas. Em breve, o rápido progresso da robótica transformará a colaboração entre seres humanos e máquinas".

Para Ford (2019), "um dos mais importantes propulsores da revolução dos robôs poderá ser a 'robótica em nuvem' – ou a migração de grande parte da inteligência que anima robôs móveis para poderosas centrais de processamento".

A tendência inicial da adoção dos robôs e da IA aos processos de trabalho impactou fortemente atividades repetitivas, operacionais e rotineiras, reduzindo a quantidade de mão de obra desses processos, obtendo um nível elevado de eficiência, causando uma forte mudança na construção de processos de negócios e de funções de trabalho.

Relatório da McKinsey Global afirma que, "em cerca de 60% das ocupações, pelo menos um terço das atividades constituintes poderiam ser automatizadas, implicando transformações e mudanças substanciais no local de trabalho para todos os trabalhadores".

Segundo artigo da Michael Page "O impacto dos robôs no emprego", "a automatização proporcionada pela robótica avançada e IA não afetará somente os empregos com requisitos de conjuntos de competências básicas. Também existem benefícios econômicos a obter pela redução do tempo despendido em tarefas rotineiras e serviços realizados por funções e cargos mais elevados".

Ainda no artigo da Michael Page, "a automatização de tarefas que são repetitivas e baseadas em dados levará à criação de novos tipos de emprego, com ênfase na forma como os humanos e as máquinas podem trabalhar em conjunto mais eficazmente. Os robôs colegas ou 'robôs' integrarão as nossas forças de trabalho e as nossas perspectivas 'antiquadas' sobre a diferença entre máquina e humano, tendo de evoluir no sentido de uma força de trabalho de coabitação e cooperação".

A expansão da automatização projeta um cenário completamente novo de trabalho e emprego, gerando a necessidade dos profissionais de adotarem como estratégia de sustentabilidade de emprego o processo de melhoria contínua de suas competências e qualificação profissional sendo elemento decisivo para o sucesso no futuro mercado laboral.

Para Schwab (2016), "há uma certeza: as novas tecnologias mudarão drasticamente a natureza do trabalho em todos os setores e ocupações. A incerteza fundamental tem a ver com a quantidade de postos de trabalho que serão substituídos pela automação".

Apesar da robotização e a IA estarem em franca expansão na substituição de atividades e funções no mundo do trabalho, o relatório da McKinsey Global aponta para oportunidades de empregos nesse novo mundo digital, afirmando que "os empregos relacionados ao desenvolvimento e implantação de novas tecnologias também podem crescer. Os gastos gerais com tecnologia podem aumentar em mais de 50% até 2030. Cerca de metade seria em serviços de tecnologia da informação. O número de pessoas empregadas nessas ocupações é pequeno em comparação com os da saúde ou da construção, mas são ocupações com altos salários. Até 2030, estimamos que essa tendência poderá criar de 20 a 50 milhões de empregos em todo o mundo".

Portanto, o processo de robotização e inteligência artificial deverá cada vez mais absorver atividades, não só industriais, mas em todas as esferas, e em paralelo deverão surgir novas funções que exigirão maior competência e qualificação em tecnologias e cultura analítica de dados, e aí estão grandes oportunidades de carreiras. Mas para isso precisamos mudar o mapa do emprego e carreira, iniciando pela mudança de *mindset* analógico para *mindset* digital, o qual exige maior qualificação e competências no uso das tecnologias e inteligência de dados para agregar valor aos negócios das empresas.

Referências

FORD, Martin. *Os robôs e o futuro do emprego*. Rio de Janeiro: Best Business, 2019.

MAGALDI, Sandro; NETO, José Salibi. *Gestão do amanhã: tudo o que você precisa saber sobre gestão, inovação e liderança para vencer na 4ª revolução industrial*. São Paulo: Gente, 2018.

MCKINSEY CONSULTING. Disponível em: <https://www.mckinsey.com/featured-insights/future-of-work/jobs-lost-jobs-gained-what-the-future-of-work-will-mean-for-jobs-skills-and-wages>.

MICHAEL PAGE CONSULTING. Disponível em: <https://www.michaelpage.com.br/central-de-conte%C3%BAdo/fw-o-trabalho-do-futuro/o-impacto-dos-rob%C3%B4s-no-emprego>.

ROGERS, David L. *Transformação digital: repensando o seu negócio para a era digital*. São Paulo: Autêntica Business, 2018.

SCHWAB, Klaus. *A quarta revolução industrial*. São Paulo: Edipro, 2016.

_____. *Aplicando a quarta revolução industrial*. São Paulo: Edipro, 2018.

SUZMAN, James. *Trabalho: uma história de como utilizamos o nosso tempo da idade da pedra à era dos robôs*. São Paulo: Vestígio, 2022.

HARARI, Yuval Noah. *21 lições para o século 21*. São Paulo: Companhia das Letras, 2018.

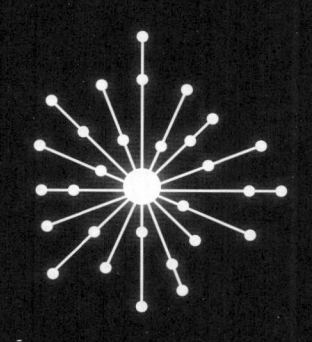

PARTE 2: NOVOS DESAFIOS SOCIAIS NO TRABALHO

O futuro pertence a quem souber libertar-se da ideia tradicional do trabalho como obrigação ou dever e for capaz de apostar numa mistura de atividades, onde o trabalho se confundirá com o tempo livre, com o estudo e com o jogo, enfim, com o "ócio criativo".

DOMENICO DE MASI

4

ANYWHERE OFFICE

A inteligência interpessoal consiste na capacidade de compreender os demais, quais são as coisas que mais os motivam, como trabalham e a melhor forma de cooperar com eles.

DANIEL GOLEMAN

A pandemia da COVID-19 derrubou vários paradigmas no mundo do trabalho, e um deles foi a resistência por parte das empresas e funcionários em relação ao teletrabalho.

Cabe aqui esclarecer as diversas modalidades de trabalho a distância, bem como a legislação aplicada no Brasil, suas oportunidades e desafios para serem superados. Com o advento da pandemia da COVID-19 e o surgimento de novas tecnologias de interação *on-line*, bem como a melhoria na velocidade da *internet*, houve aumento exponencial de utilização do teletrabalho no Brasil e no mundo, provocando o fenômeno *anywhere office* – trabalhar em qualquer lugar.

Conceitos e tipos de teletrabalho

- **Teletrabalho** – o teletrabalho pode ser definido como uma espécie do gênero trabalho a distância, no qual a prestação de serviços pelo empregado se dá preponderantemente fora da sede da empresa, por meio da utilização de computadores e outros meios eletrônicos de comunicação (SOBRATT – Sociedade Brasileira de Teletrabalho e Teleatividades).
- **Home office** – trabalho realizado pelo funcionário a distância, em seu local de domicílio ou em espaço negociado e predeterminado com sua empregadora para exercer as atividades a distância, que pode ser em um *coworking* ou em outro local convencionado formalmente.
- **Trabalho híbrido** – similar ao trabalho em *home office* com a diferença que pode ser mesclado um período a distância e outro período nas dependências da empregadora. O mais comum é trabalhar na semana 4 (quatro)

dias a distância e 01 (um) dia na empregadora para alinhamento de metas e de novas demandas de atividades.
- **Anywhere office** – o *anywhere office* se difere do *home office* por uma premissa simples: o trabalho pode ser feito em qualquer lugar, não apenas em casa, sem nenhuma formalização determinada de local de trabalho.

Aspectos legais do teletrabalho

De acordo com a CLT (Consolidação das Leis Trabalhistas), seguem os principais artigos do regramento sobre teletrabalho no Brasil.

- **Art. 75-A.** A prestação de serviços pelo empregado em regime de teletrabalho observará o disposto neste Capítulo.
- **Art. 75-B.** Considera-se teletrabalho a prestação de serviços preponderantemente fora das dependências do empregador, com a utilização de tecnologias de informação e de comunicação que, por sua natureza, não se constituam como trabalho externo. Parágrafo único. O comparecimento às dependências do empregador para a realização de atividades específicas que exijam a presença do empregado no estabelecimento não descaracteriza o regime de teletrabalho.
- **Art. 75-C.** A prestação de serviços na modalidade de teletrabalho deverá constar expressamente do contrato individual de trabalho, que especificará as atividades que serão realizadas pelo empregado.

Desafios e oportunidades do teletrabalho

A implementação do teletrabalho em suas diversas formas de aplicação traz diversas oportunidades e desafios para os funcionários e para as empresas. Para o funcionário, contribui para melhoria da qualidade de vida e, para a empresa, redução de custos e aumento de produtividade (na maioria dos casos).

Segundo a cartilha de teletrabalho da SOBRATT, "o teletrabalho, com todas as suas denominações – *home office*, trabalho remoto, trabalho a distância, trabalho virtual, *telecommuting*, e outras, definitivamente se tornou uma realidade inescapável e definitiva para as organizações".

De acordo com o The IWG Global Annual Workspace Survey 2019, metade da força de trabalho do mundo já desempenha suas funções fora do escritório principal de suas empresas, em pelo menos 2,5 dias por semana.

Outra informação interessante é o crescimento da procura por espaços de *coworkings*. Segundo relatório feito pela International Workplace Group (IWG), a procura por *coworkings* está em plena expansão com a expectativa de que esse número cresça bastante nos próximos anos.

Em pesquisa realizada pela IWG sobre teletrabalho, na Alemanha, 80% das empresas possuem uma política de trabalho flexível implementada. No Brasil, esse número chega a 67% das empresas, o que é um pouco menos que os EUA (69%), mas maior que França e Espanha, com 60% e 61%.

A Revista *Você S/A* mostra informações de pesquisa da consultoria Robert Half com executivos e a descoberta de que 95% das empresas planejam um modelo híbrido para o mundo pós-pandêmico. Esse "híbrido" tem mais de um significado. Um é o mais convencional: você trabalha uma parte do tempo em casa e vai ao escritório algumas vezes por semana. O outro libera.

Segundo artigo da Revista *Você S/A*, "funcionários de certas áreas para o trabalho completamente remoto estipulam que o restante deve ir ao escritório todos os dias. O mesmo estudo mostra que, se pudessem escolher, 62% dos trabalhadores não voltariam ao esquema anterior. Fariam *home office* de uma a três vezes por semana. E 22% disseram que prefeririam não voltar ao escritório nunca mais".

O trabalho *home office* ou trabalho híbrido para determinadas funções e atividades e pessoas pode oferecer qualidade de vida para o profissional que pode ser revertido em maior produtividade e melhores resultados para as empresas, pois pessoas que trabalham felizes geram resultados maiores.

Pense no caso de profissionais de TI, Jurídico, Administrativos e áreas afins que trabalham em grandes cidades, nas quais perdem em média 02 (duas) horas diárias para ir e vir de casa para o trabalho, sem falar no estresse causado pelo trânsito. Agora, se esses profissionais tivessem a oportunidade de trabalhar em *home office* ou modelo híbrido, teriam melhoria na qualidade de vida gigantesca e redução exponencial do estresse com trabalho, gerando mais produtividade e qualidade no resultado dos seus serviços, criando um ambiente de trabalho ganha-ganha, ou seja, ganha o funcionário e ganha a empresa.

Além das modalidades de trabalho a distância citadas, ganha força no mercado, principalmente para profissionais de TI e áreas afins, o conceito de nômades digitais, no qual o profissional pode trabalhar para qualquer empresa, em qualquer lugar do mundo (*anywhere*) a distância. Países como a Estônia já emitem visto para nômades digitais, exigência para profissionais de qualquer parte do mundo trabalharem a distância para empresas fisicamente localizadas nesse país.

De acordo com pesquisa mundial realizada pela OnePoll a pedido da Citrix Systems, a qual aponta grande divisão no retorno ao trabalho após o período de pico da pandemia da COVID-19, "os funcionários viram o impacto positivo que o trabalho flexível pode ter em tudo, desde engajamento e produtividade até equilíbrio entre vida profissional e trabalho, saúde mental e meio ambiente. E eles estão procurando que os empregadores o abracem e invistam em ferramentas e processos que os capacitem a trabalhar quando, onde e como eles funcionam melhor".

Ainda na pesquisa na OnePoll encomendada pela Citrix Systems, foram levantadas as seguintes informações sobre o modelo de trabalho flexível que está em pleno vigor junto a funcionários pesquisados nos Estados Unidos, Reino Unido, França, Austrália, Alemanha, Holanda, Brasil, Colômbia, México e Japão:

- 71% trabalham ou planejam trabalhar no escritório entre um e quatro dias por semana;
- 56% planejam estar no escritório em tempo integral;
- 49% trabalham em espaços de trabalho compartilhados e comunitários entre um e quatro dias por semana;
- 49% são totalmente remotos e planejam ser permanentemente.

O fato é que a pandemia da COVID-19 nos mostrou que existem novas formas de exercer nossas atividades que não os modelos tradicionais, e que precisamos repensar os modelos atuais de trabalho, buscando alternativas que possam gerar mais bem-estar aos funcionários. O teletrabalho é uma grande oportunidade de contribuir para a maximização da comodidade das pessoas, além de ser uma grande alternativa para aumento de produtividade, sem falar que as empresas no futuro que não oferecerem opções de teletrabalho para determinadas áreas e funções correrão o sério risco de atrair talentos, mas os perder para outras organizações que ofereçam possibilidades de exercer suas funções de qualquer lugar onde estejam.

Referências

CITRIX SYSTEMS. Disponível em: <https://www.citrix.com/news/announcements/may-2022/citrix-survey-reveals-major-divide-on-return-to-office.html>.

IWG INTERNATIONAL WORKSPACE GROUP. Disponível em: <https://work.iwgplc.com/global-workspace-survey-2019>.

REVISTA VOCÊ S/A. Disponível em: <https://vocesa.abril.com.br/sociedade/o-futuro-do-anywhere-office/>.

SOBRATT – SOCIEDADE BRASILEIRA DE TELETRABALHO E TELEATIVIDADES. *Cartilha do Teletrabalho*. Disponível em: <https://www.sobratt.org.br/site2015/wp-content/uploads/2020/12/Cartilha-Teletrabalho.pdf>.

VIEIRA, Jair Lot. *CLT – Consolidação das Leis do Trabalho 2022: Mini*. São Paulo: Edipro, 2022.

5

CONFLITO DE GERAÇÕES

Neste capítulo, discutirei os desafios dos encontros de diversas gerações no mundo do trabalho, refletindo se isso é um encontro ou um conflito de gerações.

Nossa maturidade será julgada por quão bem somos capazes de concordar em discordar e ainda continuar a amar uns aos outros, cuidar uns dos outros e buscar o bem maior do outro.

DESMOND TUTU

O mundo do trabalho está vivendo uma situação jamais vista anteriormente em relação a encontro de gerações. Temos pessoas das gerações *Baby Boomers*, geração X, geração Y ou *Millennials* e Geração Z, juntas, exercendo cargos e funções em diversas organizações.

O grande desafio neste momento é como as lideranças e os RHs estão lidando com esse novo cenário, se estão preparando as lideranças e demais colaboradores para conviver com as diversas gerações e, assim, evitar conflito ou, simplesmente, olhando e deixando a coisa acontecer.

Segundo pesquisa da ASTD Workforce Development e Vital Smarts, "administrar conflitos de forma adequada tornou-se um dos grandes desafios dos gestores de recursos humanos. Tais problemas afetam não apenas o clima organizacional, mas também faz cair a produtividade".

As informações apresentadas da pesquisa mostram que as empresas ainda estão com dificuldade de lidar com a questão dos encontros de gerações dentro das organizações, e que isso está impactando fortemente na produtividade dos times de trabalho.

O encontro das gerações *Baby Boomers*, "X", *Millennials* ou "Y" e "Z" vem provocando grandes desafios nas relações humanas no trabalho, necessitando um repensar das políticas internas de gestão e desenvolvimento de pessoas. Isso começa com a grande pergunta: como criar um ambiente de trabalho harmonioso e produtivo com pessoas de *mindset* tão diferentes?

Segundo Grubb (2018), "gerenciar pessoas é um empreendimento desafiador sob quaisquer circunstâncias – e é ainda mais difícil em meio a um choque cultural geracional, quando três ou até quatro gerações compartilham o mesmo local de trabalho, conseguir que todos trabalhem juntos em busca de um objetivo comum torna-se ainda mais difícil".

REPENSANDO O MUNDO DO TRABALHO

Figura: Encontro de gerações. Fonte: Freepik.

A geração *Baby Boomers* (explosão de bebês) é composta de pessoas nascidas entre 1946-1964 que, via de regra, possuem um perfil mais autocrático, disciplinador e burocrático. É uma geração que nasceu no pós-Segunda Guerra Mundial e também viveu em um momento de surto de natalidade e com lançamento da pílula anticoncepcional, tendo seu amadurecimento em um período marcado por grande instabilidade social e por preocupação com a difusão do comunismo por todo mundo.

Já a geração "X" é composta de pessoas nascidas entre 1965-1980. São pessoas que nasceram em período de baixa fertilidade dos pais, bastante inferior ao nível de natalidade da geração *Baby Boomers*. Essa geração cresceu sob um clima econômico conturbado por numerosas crises de energia e petróleo, decorrente da revolução iraniana e por regimes militares comandando seus países. Outro fator importante dessa geração é que houve um crescimento de famílias com dupla fonte de renda. Um ponto importante a ressaltar dessa geração é que, diferentemente da anterior, autocrática, a geração

"X" procurou ser o contrário, mais democrática e isso impactou diretamente na formação da próxima geração; em vez de seguir um modelo autocrático na família e nas empresas, procurou ser mais aberta às mudanças e ao uso de tecnologias.

A geração *Millennials* ou Geração "Y" é composta de pessoas nascidas entre 1981-1997 e tem como principais características o uso intenso de tecnologias, principalmente a *internet*, as redes sociais e os *smartphones*. São pessoas que nasceram com o DNA tecnológico e com a familiaridade de navegar na *internet*. Essa geração não tem fidelidade com marcas ou empresas, buscam marcas e profissões que gerem qualidade de vida e que possibilitem viver experiência positiva; caso contrário, com um *click*, mudam de opção. Essa geração é muito mais numerosa que a geração "X" e, durante algum tempo, esse grupo foi conhecido como Geração "Y". Segundo Grubb (2018), essa geração cresceu sob os cuidados de todos os adultos ao redor deles e introduziu a era de "todos recebem medalhas" como prêmio pela participação e aprenderam a esperar recompensas imediatas pelo trabalho.

Por último, temos geração "Z", de pessoas nascidas a partir de 1998 (lembrando que alguns autores já falam da geração Alfa, nascidos a partir de 2020). Essa geração é de longe a com mais diversidade em termos de etnias, religião e estrutura familiar, segundo Grubb (2018). Sua principal característica é a de ser a primeira geração a crescer na era dos *smartphones* e mídias sociais, sendo que os benefícios dessa alta proficiência com as mídias sociais vão além de suas amizades pessoais, são acostumados a se engajar com pessoas do mundo todo.

De acordo com Grubb (2018), uma das estratégias para aproveitar o melhor de cada geração é desenvolver programas de mentoria, propiciando aprendizado prático, programa aplicado na maioria das empresas Fortune 500, reforçando que mentorear colaboradores, principalmente os recém-admitidos, pode reduzir o *turnover* e ajuda a melhorar a retenção de talentos.

Neste século, será fundamental que as empresas desenvolvam programas de sensibilização das lideranças para conhecer e entender o que cada geração possui de valores, crenças, experiências e visões de mundo diferentes, e isso não pode ser enxergado e tratado como um problema, mas, sim, como uma grande oportunidade de aprendizado e de inovação, a partir da dicotomia de pensamentos e comportamentos que podem criar um ambiente criativo e de inovação fantástico.

Referências

ASTD WORKFORCE DEVELOPMENT. *The Great Generational Divide.* Disponível em: <https://cruciallearning.com/blog/crucial-applications-the-great-generational-divide/>.

GRUBB, Valeriee M. *Conflito de gerações: desafios e estratégias para gerenciar quatro gerações no ambiente de trabalho.* São Paulo: Autêntica Business, 2018.

6
DIVERSIDADE E INCLUSÃO

O capítulo sobre diversidade e inclusão busca provocar reflexões sobre esta nova temática, já que é de suma importância para o desenvolvimento de ambientes baseados no respeito e na harmonia entre os diversos setores do trabalho.

Cultivar estados mentais positivos como a generosidade e a compaixão decididamente conduz à melhor saúde mental e à felicidade.

DALAI LAMA

Um dos grandes temas que está sendo debatido na sociedade e nas organizações é a questão da diversidade e inclusão, e essa discussão vai além das questões de gênero, sexo, raça, religião, origem social e outros. No entanto, antes de discutirmos estratégias e movimentos de diversidade e inclusão, precisamos entender qual a diferença entre elas.

Diversidade pode ser definida como um conjunto de pessoas que contam com características e qualidades distintas. Já inclusão está ligada à instauração de uma mudança de cultura e comportamento em relação às pessoas diversas.

No artigo "diversidade e inclusão nas empresas: importância, desafios e benefícios" da FIA Business School, "enquanto líderes e futuros líderes podem dar bons exemplos e atuarem como os grandes patrocinadores de uma cultura inclusiva, a área de Talentos e RH será a condutora e ponto focal desse processo, conectando dados e dinâmicas psicológicas e sociais ao contexto do negócio, liderando a discussão estratégica de diversidade na companhia".

Segundo Kerr (2021), "todas as pessoas têm vieses inconscientes... Os vieses inconscientes não são intencionais, mas formam uma barreira invisível e poderosa que dificulta a diversidade e a inclusão nas corporações. O mais impressionante é que esses vieses nos influenciam mesmo quando acreditamos nessa causa. Não sabemos o que está escondido em nossa mente, tampouco a forma como os vieses guiam nosso comportamento".

Um ponto importantíssimo em movimentos e estratégias de diversidade e inclusão social nas organizações é criar ações de sensibilização iniciando pelo topo da pirâmide, ou seja, as lideranças, pois são elas que devem ser os agentes disseminadores das melhores práticas nesta temática. O primeiro passo é liderar pelo exemplo, mostrando que acredita e pratica a diversidade e a inclusão de forma positiva e está engajado em disseminar isso para toda a organização.

De acordo com Johnson (2020), "dizer aos outros que o modo como veem o mundo está errado não vai convencer ninguém a ouvi-lo. A sensação na hora pode ser boa, mas isso não vai ajudar você a liderar o melhor time. Em vez disso, tente chegar a um acordo, ouvindo mais e falando menos. Se você ouvir o ponto de vista dos outros, a disposição deles a ouvir o seu é muito maior".

Muitas empresas estão fazendo movimentos pontuais de criação de políticas de contratações focadas na diversidade de raça, mas que acaba limitando o debate e perdendo a oportunidade de ampliar suas políticas e estratégias de fortalecimento da inclusão e diversidade nas organizações.

Para que realmente se desenvolvam políticas abrangentes de inclusão e diversidade, é preciso envolver nessas construções representantes das diversas tribos, os quais com visões diferentes de mundo podem contribuir para construção de políticas e estratégias que possam, de fato, promover a inclusão com um olhar de diversidade.

Outra estratégia para fortalecer a cultura de diversidade e inclusão nas organizações é incentivar a criação de grupos de afinidades. Grupos de afinidades são uma estratégia vencedora para criação de vínculos e conexões saudáveis e que geram um movimento de engajamento entre as pessoas da organização, contribuindo também para retenção de talentos.

Em pesquisa global realizada pela PwC, 76% das pessoas veem a diversidade como um valor declarado ou área de prioridade para sua organização e 33% concordam que a diversidade é uma barreira ao avanço na sua organização. Também foi identificado na pesquisa que apenas 26% das organizações têm metas de Diversidade e Inclusão para líderes e apenas 17% têm uma função de diversidade no nível executivo.

Diversidade e Inclusão não é apenas uma questão social. Empresas que se preocupam com essa questão contam com resultados mais relevantes. De acordo com o relatório Diversity Matters, elaborado pela consultoria McKinsey Company, empresas que consideram a diversidade no recrutamento entregam resultados até 25% superiores daquelas organizações "não diversas".

Além disso, marcas que contam com diversidade de gênero são 15% mais propensas de terem desempenho superior. Quando há a promoção de diversidade étnica, há aumento desse número para 35%.

Além disso, segundo um mapeamento realizado pela Catalyst, empresas com altos níveis de diversidade e políticas de RH voltadas para esse tema contam com baixos índices de rotatividade. Por fim, de acordo com a consultoria Hay Group, nas empresas em que a diversidade é praticada pelos colaboradores os conflitos são reduzidos em até 50%.

Em um processo positivo de inclusão e diversidade, a liderança tem papel fundamental, participando como protagonista de movimentos de sensibilização em toda organização. De acordo com Johnson (2020), "para que o funcionário se sinta ele mesmo, os líderes devem acolher as diferenças dos integrantes da equipe e destacar os benefícios de ouvir perspectivas variadas".

Dentro das estratégias de inclusão e diversidade, o modelo de liderança humanizada nas organizações fará grande diferença, pois atuará com foco no acolhimento, olhando as diferenças como grandes oportunidades de criar algo novo dentro das organizações.

Para Johnson (2020), "por mais que repitamos o argumento da diversidade, se não pudermos alcançar o coração das pessoas e tornar o tema relevante para elas, será difícil convencê-las de que a mudança de comportamento é necessária".

Segundo o Institute Top Employers de Portugal, existem seis grandes desafios para implementação de estratégias de diversidade e inclusão nas organizações:

- Criar políticas específicas para promoção da diversidade;
- Combater o preconceito dentro do ambiente de trabalho;
- Alterar a rotina e a estrutura da empresa;
- Promover a aceitação das mudanças organizacionais;
- Alinhar a cultura de diversidade à cultura da empresa;
- Mudar o discurso com o público interno e externo.

Ainda dentro do âmbito de estratégia organizacional para inclusão e diversidade, as empresas devem ter políticas que promovam a contratação, desenvolvimento e retenção de pessoas de todas as tribos, focando no respeito à singularidade, sem jamais se esquecer de promover ações para conexão coletiva, como comenta Johnson (2020), "para inclusificar, o ponto de partida é entender os dois impulsos mais básicos do ser humano: o desejo de ser único e o de pertencer".

Promover a diversidade nas organizações pode ser um processo extremamente desafiador, porém se as organizações implementarem com assertividade, colherão grandes frutos, fortalecendo o espírito harmonioso nos times de trabalho, aumentando a produtividade e gerando mais inovações em função de maior engajamento das pessoas.

Referências

FIA BUSINESS SCHOOL. *Diversidade e inclusão nas empresas: importância, desafios e benefícios.* Disponível em: <https://fia.com.br/blog/diversidade-e-inclusao-nas-empresas/>.

KERR, Cris. *Viés inconsciente: como identificar nossos vieses inconscientes e abrir caminho para a diversidade e a inclusão nas empresas.* São Paulo: Literare Books International, 2021.

JOHNSON, Stefanie K. *Inclusifique: como a inclusão e a diversidade podem trazer mais inovação à sua empresa.* São Paulo: Benvirá, 2020.

MCKINSEY & COMPANY. *Diversity Matters: América Latina.* Disponível em: <https://www.mckinsey.com/br/our-insights/diversity-matters-america-latina>.

PWC Brasil. *Pesquisa global de diversidade e inclusão.* Disponível em: <https://www.pwc.com.br/pt/estudos/preocupacoes-ceos/mais-temas/2020/pesquisa-global-de-diversidade-e-inclusao.html>.

SCOTT, Kim. *Empatia assertiva: como ser um líder incisivo sem perder a humanidade.* Rio de Janeiro: Alta Books, 2019.

TOP EMPLOYERS INSTITUE. *Embracing Diversity and Improving Inclusion: Making LGBTQ+ Inclusivity a Part of Company Culture.* Disponível em: <https://www.top-employers.com/pt-pt/insights/culture/embracing-di-during-pride/>.

7

ADOECIMENTO NO TRABALHO

Discutir o adoecimento no trabalho é sempre um tema bastante desafiador. Neste capítulo, apresentarei informações para atuar de forma estratégica nas organizações.

O que vale na vida não é o ponto de partida e, sim, a caminhada. Caminhando e semeando, no fim, terás o que colher.

CORA CORALINA

O adoecimento no trabalho é um fenômeno que se agravou na última década, muito em função pela pressão nas organizações por ganhos de produtividade, atingimentos de metas e outros, gerando ocorrências de adoecimento causadas principalmente pelo estresse, conhecido como *burnout*.

A síndrome de *burnout*, também conhecida como síndrome do esgotamento profissional, é um distúrbio psíquico e emocional causado pela exaustão extrema, esgotamento físico e estresse, obrigatoriamente relacionado ao trabalho.

Segundo Jauregui (2005), "o estresse laboral é um fenômeno cada vez mais importante na sociedade atual. Fenômeno que se manifesta tanto a nível individual, grupal e organizacional".

No Japão, o estresse no trabalho é conhecido como *Karoshi*. A tradução da palavra *Karoshi* significa "morrer de tanto trabalhar". Esse fenômeno foi identificado em 1987 quando o Ministério da Saúde japonês começou registrar os dados depois da morte repentina de uma série de executivos em alto cargo.

Um estudo feito pela Organização Mundial da Saúde (OMS) e pela Organização Internacional do Trabalho (OIT) apontou que longas jornadas de trabalho aumentam o número de mortes por doenças cardíacas e derrames. Entre 2000 e 2016, a quantidade de pessoas que morreram por conta desses problemas de saúde aumentou 29%. Ao todo, 745 mil indivíduos perderam suas vidas há cinco anos pelo excesso de trabalho.

Segundo Sita (2016), "estresse é um estado de alerta que ocorre no ser humano sempre que sofre ameaça, pressão ou desafio de ordem física ou psicológica. Sob ação do estresse, a mente fica tensa, oprimida, inquieta, preocupada, perturbada e agitada".

De acordo com o diretor-geral da OMS (Organização Mundial da Saúde), Tedros Adhanom Ghebreyesus, nenhuma jornada de trabalho excessiva compensa o adoecimento no trabalho, recomendando que empresas, governos e entidades de classes busquem soluções conjuntas para reduzir os riscos de adoecimento no trabalho com foco na proteção da saúde do trabalhador.

Segundo a OIT (Organização Internacional do Trabalho), lesões e doenças relacionadas ao trabalho provocaram a morte de 1,9 milhão de pessoas em 2016, de acordo com as primeiras estimativas conjuntas da Organização Mundial da Saúde (OMS) e da Organização Internacional do Trabalho (OIT).

Figura: Adoecimento no Trabalho. Fonte: Freepik.

Em 2019, a OMS (Organização Mundial do Trabalho) classificou a síndrome de *Burnout* (adoecimento provocado pelo estresse no trabalho), a qual é causada por sensação de perda de energia ou esgotamento físico e mental, sentimentos negativos ao trabalho e à empresa e redução de produtividade.

Com o advento da pandemia da COVID-19, as ocorrências de adoecimento no trabalho por questões de impacto na saúde emocional e mental cresceram de forma exponencialmente, pois as pessoas se tornaram mais ansiosas e o medo de morrer provocou um número exponencial com adoecimento de síndrome do pânico, ansiedade e depressão, além do que já vinha acontecendo de adoecimento por estresse no trabalho, mais conhecido como síndrome de *Burnout*.

Para reduzir o problema de excesso de jornada de trabalho, alguns países adotaram iniciativas para mitigar este problema. No Japão, a Microsoft reduziu a semana de trabalho para quatro dias. Na Nova Zelândia, a Unilever adotou uma estratégia parecida com 81 funcionários, os quais trabalharam em uma jornada semanal de 32 horas por três meses ao ano.

A depressão e a ansiedade custam 1 trilhão de dólares ao ano no mundo. Mesmo assim, a maioria das empresas da América Latina ainda ignora o tema.

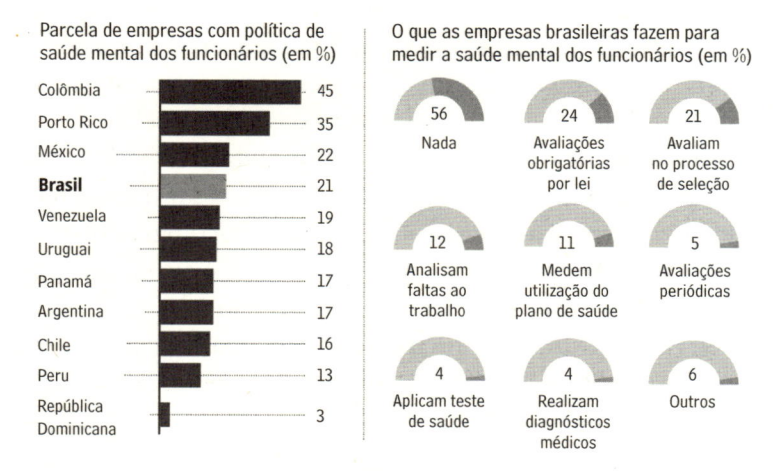

Parcela de empresas com política de saúde mental dos funcionários (em %)

País	%
Colômbia	45
Porto Rico	35
México	22
Brasil	21
Venezuela	19
Uruguai	18
Panamá	17
Argentina	17
Chile	16
Peru	13
República Dominicana	3

O que as empresas brasileiras fazem para medir a saúde mental dos funcionários (em %)

- 56 – Nada
- 24 – Avaliações obrigatórias por lei
- 21 – Avaliam no processo de seleção
- 12 – Analisam faltas ao trabalho
- 11 – Medem utilização do plano de saúde
- 5 – Avaliações periódicas
- 4 – Aplicam teste de saúde
- 4 – Realizam diagnósticos médicos
- 6 – Outros

Fonte: Banco Mundial, Marsh Benefícios e Organização Mundial da Saúde.

Segundo dados do Banco Mundial (conforme a figura), a depressão e a ansiedade custam 1 trilhão de dólares ao ano no mundo, mesmo assim a maioria das empresas da América Latina ainda investe pouco em programas de prevenção ao adoecimento mental. Antes da pandemia da COVID-19, quase não existiam esses tipos de programas.

No dia 1º de janeiro de 2022, entrou em vigor a nova classificação da Organização Mundial da Saúde (OMS), a CID 11. Com isso, o *Burnout* passa a ser tratado como doença – e as empresas precisam ficar atentas para esse risco.

As lideranças e a área de Recursos Humanos precisam priorizar e colocar como estratégia em suas diretrizes anuais programas e ações contínuas para trabalhar a prevenção e o acolhimento de colaboradores que são acometidos de adoecimento no trabalho e fora dele.

No contexto de desenvolvimento de estratégias dentro da organização, o primeiro passo é o desenvolvimento de modelo de liderança servidora e humanizada, pois muitas das ocorrências de adoecimento mental são causadas por assédio moral. As empresas precisam combater e atuar com tolerância zero ao assédio moral e sexual dentro das organizações.

Outra estratégia é disseminar a cultura da positividade nas relações humanas no trabalho. Para isso, existem muitas metodologias e técnicas como, por exemplo: Psicologia Positiva, *Mindfulness*, Atividades Físicas, *Master Mind* e outras que podem ser adaptadas a cada cultura organizacional.

Nesse contexto de humanização nas organizações, a área de Recursos Humanos tem papel fundamental de protagonizar o movimento, desenvolvendo estratégias e ações que fortaleçam o cuidar, o servir e o acolher de pessoas, disseminando na organização um olhar positivo, começando principalmente pela alta administração, pois deve ser exemplo para os demais colaboradores.

Cada pessoa tem uma lente de olhar o mundo de forma diferente e enfrenta uma batalha diária, com a qual somente pelo engajamento de cada um em contribuir para a construção de ambientes harmoniosos e positivos nas organizações, será mitigado o adoecimento no trabalho. Como disse Madre Teresa de

Calcutá, cada um de nós é apenas uma gota no oceano, mas se cada um de nós plantarmos positividade, poderemos inundar o oceano com positividade e bem-estar.

Referências
MASI, Domenico De. *O ócio criativo*. Rio de Janeiro: Sextante, 2000.
ONU – NAÇÕES UNIDAS DO BRASIL. *Estudo da OMS e OIT aponta longas jornadas de trabalho como causa de mortes.* Disponível em: <https://brasil.un.org/pt-br/127011-estudo-da-oms-e-oit-aponta-longas-jornadas-de-trabalho-como-causa-de-mortes>.
SITA, Maurício. *NeoMindfullness: mude sua vida em sete semanas*. São Paulo: Literare Books International, 2021.

8

ENVELHECIMENTO DA POPULAÇÃO

A questão do envelhecimento da população é uma temática emergente e que impactará nos próximos anos no mundo do trabalho. Este capítulo discutirá o cenário e as ações que estão sendo realizadas dentro desse contexto.

A expectativa de vida no Brasil mudou radicalmente nos últimos anos, graças à melhoria da qualidade de vida e maior acesso à saúde preventiva, tornando-se necessário repensar as políticas nas organizações sobre o fim do ciclo de trabalho das pessoas seniores.

A faixa etária 50+ passou a ser um tema de discussão recorrente nas organizações que foi alavancado com a reforma da previdência em novembro de 2019, a qual ampliou a idade mínima necessária para aposentadoria – mulheres 62 anos e homens 65 anos -, na qual está inserida a maioria da população ativa no trabalho no Brasil.

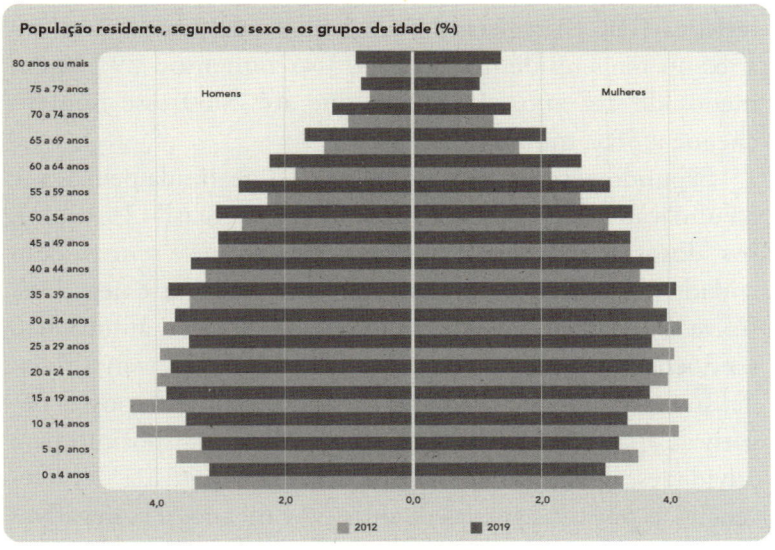

Figura: Pirâmide Etária 2012 versus 2019.
Fonte: IBGE, Pesquisa nacional por amostras de domicílios contínua 2012 /2019.

No gráfico, podemos observar o crescimento da população acima dos 60 anos, o que nos remete à reflexão e preocupação de como absorveremos essa população sênior no mercado de trabalho, já que a maioria não estará com os pré-requisitos para ser elegível ao benefício da aposentadoria pelo INSS. Dentro desse contexto, precisamos repensar as políticas públicas e das empresas para criar programas que incentivem a empregabilidade da melhor idade; caso contrário, presenciaremos uma situação social de caos com a nossa população da melhor idade nos próximos anos.

Nas últimas décadas, a população brasileira vem envelhecendo de forma exponencial, um processo natural que leva em consideração a melhoria da qualidade de vida, a queda da natalidade e o aumento da população idosa. Por exemplo, em 2019, o Instituto Brasileiro de Geografia e Estatística (IBGE) registrou 32,9 milhões de pessoas com 60 anos ou mais residentes no país. Isso aumentou 29,5% em menos de dez anos. Estima-se que até 2060 esse número chegue a 58,2 milhões de pessoas.

Segundo pesquisa em agosto de 2020 realizada pelo Sesc e a Fundação Perseu Abramo sobre Idosos no Brasil (2ª edição), "os idosos quando questionados sobre como se sentem com a idade que têm apresentaram respostas positivas e negativas. Entre as positivas, aparecem: a vontade de viver, ânimo, não ter doenças, ser feliz, ter paz, experiência de vida, tranquilidade, sossego, independência, entre outras. Já nas respostas negativas, aparecem: as doenças, debilidades, indisposição para atividades, desânimo emocional, tristeza e angústia. As referências às positivas aparecem entre 60 e 69 anos e às negativas com 70 anos ou mais".

Na pesquisa mencionada, a população entre 60 e 69 anos tem uma perspectiva de vida futura mais positiva com vontade de viver e, ao mesmo tempo, ter qualidade de vida. Aí surge uma reflexão: como os governos e empresas podem desenvolver políticas e programas que possam manter essa população ativa e curtindo a vida de forma plena e com qualidade de vida?

Informações publicadas no portal da Revista Melhor RH mostram que "entrar no mercado de trabalho nem sempre é uma tarefa fácil, em especial quando falamos da contratação de pessoas com idade superior a 50 anos. Um agravante nesse contexto foi a pandemia de COVID-19 que, como um todo, deixou o país em situação ainda mais vulnerável. Dados da Pesquisa Nacional por Amostra de Domicílios (PNAD) Contínua mostram que, no Brasil, a taxa de desemprego entre pessoas com 40 a 59 anos subiu de 9,0% (2020) para 9,7% em 2021".

A Revista *Gestão de RH*, edição 157, trouxe como capa a temática "Etarismo 50+ a idade pede inclusão", na qual traz uma ampla discussão sobre a necessidade de se pensar e criar políticas para inclusão de profissionais acima de 50 anos. Segundo a reportagem, "no início o preconceito restringia-se àqueles com 60 anos ou mais, classificados como idosos pela OMS (Organização Mundial da Saúde). Há algum tempo, os 50+ foram incluídos no grupo de excluídos. Hoje, quem chegou aos 45 já é considerado velho para trabalhar em alguns segmentos de negócios".

Algumas iniciativas já estão sendo feitas por determinadas ONGs e empresas, mas quase nada sendo feito pelos governos federais, estaduais e municipais em relação a políticas de manutenção e inclusão de pessoas acima de 50 ou acima de 60 anos.

O artigo da Revista *Você RH* sobre "Empresas criam estratégias para integrar profissionais com mais de 60 anos" cita exemplos de empresas que já implantaram programas de inclusão social para pessoas da melhor idade, como é o caso da EDP Brasil, distribuidora de energia, "em 2019, a multinacional portuguesa deu início à sua política de diversidade e, logo de cara, colocou a questão etária como um dos pilares do programa. Hoje, cerca de 10% do quadro de 2 600 empregados da EDP tem mais de 50 anos". Ainda segundo a Revista

Você RH, outra empresa a adotar iniciativa de programa de inclusão para melhor idade foi a Unilever Brasil, que lançou em 2019 uma ação pioneira na temática, a seleção exclusiva de estagiários com mais de 50 anos.

A empresa Necxt Orbitall, com o propósito de promover a inclusão dos 50+, criou o Programa + Experiência, "o principal objetivo do + Experiência é trabalhar a inclusão, ter um público diversificado na empresa, com profissionais que consigam ensinar e aprender uns com os outros. É muito satisfatório ver como os contratados nessa faixa etária são gratos por termos dado essa oportunidade", conta Natália Colamina, gerente de Recursos Humanos na Necxt Orbitall (https://stefanini.com/pt-br/trends/noticias/necxt-orbitall-cria-programa-de-contratacao-para-50-mais).

Uma iniciativa muito interessante é o "Movimento Atualiza", que tem como objetivo mostrar a revolução da longevidade dos 50+, buscando quebrar preconceitos e mostrar que as pessoas 50+ estão mais tecnológicas, mais digitais e mais atualizadas, e que estão aptas e buscando oportunidades para agregar valor às empresas.

Outra iniciativa importante, segundo reportagem da Revista Gestão de RH, foi da empresa multinacional Pepsico. "Em 2016, a Pepsico criou o Golden Years, para a inclusão de profissionais 50+, inicialmente com foco nas operações. Dá para contar um pouco da evolução do programa? Desde o lançamento, em 2016, já contratamos mais de 400 pessoas por meio do programa. O projeto é conduzido pela equipe de RH, que acompanha de perto a evolução dos indicadores e a representatividade em nosso quadro geral de funcionários. Hoje, mais de 1 000 pessoas – cerca de 8,3% dos colaboradores – possuem mais de 50 anos e estão presentes em todos os níveis e áreas da empresa".

Estamos vivendo um momento muito importante de reflexão e de repensar a questão do etarismo 50+ na sociedade e no mundo do trabalho, necessitando que a sociedade em geral discuta e proponha ações imediatas para que possamos incluir e manter nossos profissionais 50+ de forma positiva e ativa no mundo do trabalho e na sociedade em geral. Isso, no mínimo, é uma questão de respeito com aqueles que já contribuíram muito para sociedade.

Referências

IBGE. *Número de idosos cresce 18% em 5 anos e ultrapassa 30 milhões em 2017.* Disponível em: <https://bityli.com/FARuxUr>.

MELHOR RH. *A contratação de pessoas 50+ na sua empresa é consistente?.* Disponível em: <https://melhorrh.com.br/a-cultura-do-bem-estar-e-a-contratacao-de-pessoas-50-na-sua-empresa-e-consistente/>.

REVISTA GESTÃO DE RH. *Etarismo 50+ a idade pede inclusão, edição 157.* Disponível em: <https://www.gestaoerh.com.br/conteudo/revistas/6b6511d63a6588eb40b52cec9106c2a1bb6aaad9.pdf>.

REVISTA VOCÊ RH. *Empresas criam estratégias para integrar profissionais com mais de 60 anos.* Disponível em: <https://vocerh.abril.com.br/voce-rh/empresas-criam-estrategias-para-integrar-profissionais-com-mais-de-60-anos/#:~:text=Em%20junho%20de%202019%2C%20come%C3%A7ou,inscreveram%20para%20apenas%2018%20vagas>.

SESCSP. *Como estamos envelhecendo.* Disponível em: <https://www.sescsp.org.br/como-estamos-envelhecendo-2/>.

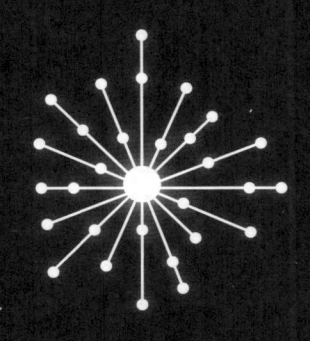

PARTE 3: FORTALECENDO AS RELAÇÕES NO TRABALHO

Liderar significa conquistar as pessoas, envolvê-las de forma que coloquem seu coração, mente, espírito, criatividade e excelência a serviço de um objetivo.

JAMES HUNTER

9

LIDERANÇA HUMANIZADA

Em um mundo disruptivo, em que as tecnologias assumiram papel de quase protagonista na sociedade e no mercado de trabalho, precisamos resgatar e fortalecer a liderança humanizada como estratégia para tornar nossos ambientes de trabalho mais harmoniosos. Este capítulo resgatará conceitos de liderança servidora e a importância da aplicação da liderança humanizada nas organizações.

A vida impõe os mesmos reveses e tragédias tanto para o otimista quanto para o pessimista, mas o otimista consegue enfrentá-los com mais tranquilidade.

MARTIN SELIGMAN

A sociedade em geral vem passando por grandes transformações, impactando diretamente o cotidiano das pessoas e nos resultados organizacionais. Dentro do contexto organizacional, é preciso repensar os modelos aplicados de liderança nas empresas, pois as novas gerações não aceitam mais um modelo de liderança autocrática e impositiva, mas, sim, um modelo de liderança mais humanizado, que conduza as pessoas rumo ao desenvolvimento pessoal e atingimento dos objetivos organizacionais, primando pelo respeito e valorização das individualidades e diversidade de cada um.

A liderança para o século XXI precisa estar mais próxima das pessoas, envolvendo sua equipe no planejamento e nas tomadas de decisão, entender cada necessidade dos membros, desafiar as pessoas de acordo com suas potencialidades, desenvolver a equipe em uma jornada de parceria, valorizar e reconhecer de forma justa o desempenho de cada pessoa e, principalmente, humanizar o ambiente de trabalho, transformando sua equipe em uma verdadeira família.

Revisão de conceitos de liderança

Para Maxwell (2018), liderança é influência. Isso mesmo – nem mais nem menos. Por isso que o meu provérbio favorito sobre liderança é: "Quem acha que lidera, mas não tem quem o siga, está apenas dando um passeio", em outras palavras, para alguém ser um líder, precisará ter alguém.

Segundo Hunter (2004), liderança é a habilidade de influenciar pessoas para trabalharem entusiasticamente visando atingir objetivos identificados conduzindo para o bem comum.

Marques (2016) afirma que liderança consiste na arte de conduzir pessoas a alcançar, com êxito, os resultados planejados, tanto em nossa vida pessoal quanto no ambiente organizacional.

Jones (2006) comenta que o líder se importa com as pessoas, olha nos olhos, tem firmeza na mão, lembra seus nomes e o nome de seus familiares, datas importantes, nascimento, casamento...

Para Blanchard (2011), "liderar é ajudar as pessoas a alcançar suas metas, buscando constantemente descobrir o que o seu pessoal precisa para ter um bom desempenho e para colocar a visão em prática".

Considerando os diversos conceitos citados anteriormente pelos especialistas, conclui-se que liderança é uma jornada de condução de pessoas por meio da influência e do convencimento para atingimento, juntos, de forma engajada e harmoniosa, dos objetivos organizacionais.

Liderança servidora

A liderança servidora é baseada em uma missão e propósito de ajudar a melhorar a vida de outras pessoas. Líderes servidores são pessoas que estão em um nível espiritual acima da média de outros líderes, pois pregam e praticam o ato de servir às pessoas, respeitando e valorizando cada membro da sua equipe, conduzindo as pessoas para o atingimento dos objetivos organizacionais de forma harmoniosa e humanizada, primando pela transparência, *feedback* contínuo, comunicação assertiva e desenvolvimento das pessoas.

Ao longo da história, tivemos grandes líderes servidores que sacrificaram suas vidas para servirem ao próximo. Dentre esses líderes, podemos citar como exemplo: Jesus Cristo (a referência de todos os outros), São Francisco de Assis, Madre Teresa de Calcutá, Martin Luther King, Mahatma Gandhi e Nelson Mandela, dentre outros.

Jesus Cristo, o maior líder servidor de todos os tempos e inspiração para todos os líderes servidores, dedicou sua passagem por este plano espiritual a servir seu povo, sacrificando sua vida para salvá-lo. O maior de todos os líderes servidores nos ensinou que auxiliar o próximo é a melhor maneira de ajudar outra pessoa a se tornar melhor. A arte de servir ao próximo ensinada por Jesus Cristo requer que se aja com humildade, o maior exemplo disso é a sessão de lava-pés, em que humildemente Jesus Cristo lava os pés de seu povo. Dessa forma, servir significa olhar com compaixão para o próximo, deixando de lado o orgulho, a arrogância, a ganância e o ódio, agindo com humildade, compaixão e benevolência, sempre buscando a generosidade e a doação para ajudar a melhorar a vida de outra pessoa, com o propósito de fazer com que a outra pessoa sinta-se bem.

Outro líder servidor, São Francisco de Assis seguiu o exemplo e os ensinamentos de Jesus Cristo. Nasceu em família rica na cidade de Assis na Itália, onde levou uma vida de luxo e festas antes de descobrir, a partir de sonhos com Jesus Cristo, sua verdadeira vocação, ou seja, sua missão e propósito de vida, servir à igreja e aos pobres. Depois da descoberta da sua missão e propósito de vida, enfrentou grandes obstáculos com sua família e moradores da cidade onde nasceu, mas se manteve forte na jornada de reformar e construir igrejas ao redor do mundo e a servir aos mais pobres, buscando reduzir o sofrimento dessa população.

Madre Teresa criou uma congregação religiosa em Calcutá para ajudar os pobres, chamada de Congregação Diocesana de Calcutá, na Índia. Para Madre Teresa, "não devemos permitir que alguém saia da nossa presença sem se sentir melhor e mais feliz". Madre Teresa tinha como principal missão cuidar e servir aos pobres mais necessitados e excluídos da sociedade de Calcutá, na Índia, onde fundou sua congregação. A congregação, inicialmente composta de 12 membros, enfrentou muitas dificuldades até receber o apoio do governo indiano. Madre Teresa também reformou um templo hindu e o transformou num abrigo para desabrigados e doentes. Além disso, abriu um centro de tratamento de leprosos em Titagar, sempre agindo e atuando por meio da sua missão e do propósito de servir às pessoas para tornar suas vidas menos sofridas e com mais sensação de bem-estar.

Mahatma Gandhi (1869-1948, Nova Delhi, Índia) lutou pela independência da Índia em relação ao governo inglês. Combateu a invasão britânica sem o uso da violência, mobilizando seu povo para uma resistência passiva. Suas ações foram decisivas para que a Índia conseguisse sua independência da Grã-Bretanha, em 1947. Foi assassinado por um ativista de direita hindu. Gandhi deixou um legado de liderança servidora pregando a paz acima do uso de armas durante o período do domínio britânico na Índia. Serviu seu povo com grande maestria, conseguindo engajar todo um país por uma causa pela persuasão positiva e servidora, fazendo que seu povo acreditasse no ideal de libertação sem violência, caminhando irmanados em único objetivo.

Martin Luther King (Atlanta, 1929, Memphis, 1968), pastor da igreja Batista nos Estados Unidos, foi um líder servidor do movimento de luta pelos direitos civis de afro-americanos nos Estados Unidos. Realizou numerosos protestos para pôr fim ao racismo. Em 1964, foi honrado com o Prêmio Nobel da Paz. Martin dedicou sua vida a servir o propósito de lutar contra o racismo e a violência em relação aos negros nos Estados Unidos, conseguiu por meio do seu discurso e luta conquistar passivamente a admiração no mundo todo, conquistando seguidores.

Nelson Mandela teve muitos professores em sua vida, mas o maior de todos foi a prisão. A prisão moldou o homem que vemos e conhecemos hoje. Ele aprendeu sobre a vida e a liderança a partir de muitas fontes. Os 27 anos que passou na prisão tornaram-se o teste que o fortaleceu e consumiu tudo o que era insignificante. A prisão ensinou-lhe autocontrole, disciplina e foco – as qualidades que considera essenciais à liderança – e ensinou-lhe como se transformar num ser humano completo (STENGEL, 2010).

A grande lição dos líderes servidores é a doação de suas vidas ao ato de servir a um bem maior, ajudar a melhorar a vida de outras pessoas, se dedicando diariamente em criar condições para que as pessoas pudessem ter mais bem-estar, aprendizados, inclusão social e, principalmente, ensinar as pessoas a serem mais humanizadas, multiplicando seus legados e, assim, criando um "exército" de pessoas para multiplicarem o ato de servir e melhorar a vida de toda uma sociedade.

Liderança humanizada

Estamos vivendo um momento de transformação digital em todos os ramos da sociedade. A tecnologia começa a ocupar espaços nas organizações, em lugares onde prevaleciam as pessoas. Além da transformação digital, também os desafios sociais passaram a ser tema estratégico nas organizações com a inclusão e a diversidade, bem como o choque de gerações e o adoecimento no trabalho (síndrome de *Burnout*).

Diante de um cenário de incertezas e pressão, se faz necessário o fortalecimento da humanização nas organizações, pela construção de ambientes harmoniosos, onde o respeito às pessoas em uma visão holística seja a referência da gestão de pessoas e que a humanização no trabalho seja construída a partir de uma liderança servidora, por meio dos pilares de: inclusão social e diversidade, felicidade, desenvolvimento contínuo das pessoas, valorização da família, comunicação transparente, confiança e justiça.

Com a aplicação dos pilares da humanização da liderança servidora, se fortalece a credibilidade e a admiração da equipe para com seu líder e, ao mesmo tempo, o orgulho da equipe em trabalhar para a organização, gerando um movimento contínuo de engajamento das pessoas para o atingimento dos resultados pessoais e organizacionais, sem deixar de lado o ambiente harmonioso e feliz, fortalecendo na equipe o espírito de uma grande família, como diziam os três mosqueteiros "um por todos e todos por um".

A liderança servidora é o modelo recomendado para ser adotado nas empresas no século XXI, pois cada vez mais teremos um mundo mais globalizado, competitivo, tecnológico e de inovações contínuas e disruptivas, gerando grande pressão sobre as pessoas por resultados. Dessa forma, as empresas precisam implementar a liderança servidora para construir um ambiente humanizado e que seja sólido para enfrentar todos os desafios que virão, respondendo de forma positiva às diretrizes e aos objetivos organizacionais, fortalecendo o bem-estar e a felicidade das pessoas dentro da organização, o que vai gerar maior engajamento da equipe e maior orgulho de pertencimento à empresa.

O líder servidor deverá remover cada pedra que encontrar durante o caminhar na estrada que levará à construção de um ambiente de trabalho humanizado. Surgirão diversas pedras em seu caminho para fazê-lo tropeçar ou desviar de sua missão e propósito, mas ele deverá ser firme e forte nessa missão, removendo cada pedra do caminho e as utilizando para construir uma estrada que conduzirá as pessoas para um ambiente de trabalho mais feliz e harmonioso. Vale lembrar que em cada pedra removida haverá uma caixa com recompensa para o líder servidor, a felicidade de poder servir às pessoas, ajudando-as para viverem um mundo melhor.

Considerando um mundo em transformações sociais, inovações tecnológicas disruptivas, organizações exponenciais e que tudo isso objetiva tornar as empresas mais competitivas, mais sustentáveis e com maiores ganhos de produtividade. Essa busca contínua para o sucesso nos negócios poderá tornar as pessoas mais infelizes no trabalho, causando adoecimento e criando um ambiente desmotivador. Por isso, se faz necessário repensar os modelos atuais de liderança, criando estratégias para desenvolvimento e fortalecimento da filosofia de liderança servidora humanizada, a qual, ao mesmo tempo em que cria um ambiente humanizado e feliz para as pessoas dentro das organizações, consegue provocar um movimento de engajamento junto às equipes rumo ao atingimento das diretrizes e objetivos organizacionais, contribuindo para o sucesso organizacional, sem jamais perder a humanização e o espírito de uma grande família dentro da organização, ou seja, quando se tem pessoas felizes no trabalho, são capazes de gerar resultados extraordinários.

Referências
BLANCHARD, Ken. *Liderança de alto nível: como criar e liderar organizações de alto desempenho.* Porto Alegre: Bookman, 2011.
HUNTER, James C. *O monge e o executivo.* Rio de Janeiro: Sextante, 2004.
JONES, Laurie B. *Jesus, o maior líder que já existiu.* Rio de Janeiro: Sextante, 2006.
KOLODIEJCHUK, Brian. *Madre Teresa – venha, seja minha luz.* São Paulo: Thomas Nelson Brasil, 2008.
MARQUES, José R. *Leader coach: coaching como filosofia de liderança.* 3. ed. Goiânia: Editora IBC, 2016.
MAXWELL, John C. *Você nasceu para liderar.* 2. ed. Rio de Janeiro: Thomas Nelson Brasil.
STENGEL, Richard. *Os caminhos de Mandela: lições de vida, amor e coragem* / tradução Douglas Kim – São Paulo: Globo, 2010.

TABOADA, Rodolfo C. *500 hombres que hicieron historia en el mundo.* Buenos Aires: Grupo Imaginador de Ediciones, 2011.

10

POSITIVIDADE NAS RELAÇÕES DE TRABALHO

Neste capítulo, abordarei estratégias e reflexões de como construir relacionamentos interpessoais mais positivos a partir de olhar mais positivo para o outro, da atitude mental e emocional positiva, da aplicação no dia do poder do perdão e da magia da gratidão, resgatando a positividade e a humanização nas relações interpessoais.

Aqueles que têm um grande autocontrole ou que estão totalmente absortos no trabalho falam pouco. Palavra e ação juntas não andam bem. Repare na natureza: trabalha continuamente, mas em silêncio.

MAHATMA GANDHI

O mundo está passando por diversas transformações sociais e tecnológicas que estão impactando diretamente nas relações interpessoais. As gerações mais novas estão priorizando as relações sociais via redes sociais na *internet* em detrimento dos relacionamentos físicos, provocando um aumento da individualização dos relacionamentos pessoais e profissionais, além do surgimento de diversas doenças ligadas à mente humana, como depressão, síndrome do pânico, ansiedade, e outras.

Steve Jobs disse: "seu trabalho vai preencher boa parte da sua vida e a única maneira de ser verdadeiramente satisfeito é fazer o que acredita ser um ótimo trabalho. E a única maneira de fazer um ótimo trabalho é amar o que faz".

Florescendo com o autoconhecimento

O autoconhecimento é a chave para construímos nosso bem-estar e felicidade na vida pessoal e profissional. Conhecer-nos mais profundamente é a estratégia para responder a diversos questionamentos sobre nós como, por exemplo: quem somos? Qual é a nossa missão e propósito? Quais são os nossos valores? Qual é nossa visão de futuro? O que nos faz felizes? E assim por diante. Conhecer-nos faz com que definamos estratégias e ações de acordo com aquilo que nos deixa felizes. Saber quem somos possibilitará construirmos relacionamentos mais assertivos, com menos conflitos e com mais harmonia.

De acordo com Marques (2015), a felicidade, o sucesso, a prosperidade e tudo que desejamos só brotarão se estivermos vivendo em harmonia.

Para Hill (2016), "harmonia é uma das leis da natureza, sem a qual não pode haver algo como a energia organizada, ou qualquer forma de vida". Ainda Hill afirma que a falta de harmonia é a primeira e, muitas vezes, a única causa do fracasso.

Quando nos conhecemos melhor, respeitamos mais a nossa história e passamos a nos aceitar como somos, valorizando cada momento da nossa vida: nos de alegria, agradecemos, e nos momentos de dificuldades, ressignificamos e passamos a considerar como aprendizado para nossa evolução emocional e espiritual.

Segundo Chopra (2015), se podemos responder a esta pergunta básica, quem somos?, podemos encontrar a resposta para todas as demais perguntas relacionadas, como: de onde venho? Que sentido e propósito tem a vida?

Como José Roberto Marques fala em suas palestras e treinamentos, "quanto mais me conheço, mais me curo". Diria que, quanto mais me conheço, mais curo e mais me torno um ser humano melhor, um pai melhor, um filho melhor, um irmão melhor, um amigo melhor, um colega melhor e um profissional melhor.

O autoconhecimento é uma busca de autoaprendizados contínuos em nossas vidas, refletindo sobre cada conquista e dificuldade, evoluindo para um próximo patamar de sabedoria, pensando e agindo com mais empatia, compaixão, benevolência e assertividade na vida pessoal e profissional.

A força da atitude mental positiva

Em um mundo cada vez competitivo e cheio de desafios, precisamos desenvolver uma atitude positiva para a vida; do contrário, poderemos ser sucumbido pelas mazelas do adoecimento do século XXI (depressão, ansiedade e outros) quando nos depararmos em situações em que não consigamos atingir o sucesso ou objetivo planejado ou a vida nos pregar situações negativas.

Para desenvolvermos uma atitude mental positiva, o primeiro passo é entender que na vida de qualquer pessoa haverá momentos de sombra e de luz. A diferença será como cada ser humano reage a esses momentos. Se agir com atitude mental negativa, gerará emoções negativas; se agir com atitude mental positiva, gerará emoções positivas.

Segundo Hill (2015), a vida nunca nos deixa encalhados. Se ela nos dá uma dificuldade ou desafio, nos dá também as habilidades com as quais enfrentar a dificuldade ou o desafio. Nossas habilidades variam, é claro, conforme estamos motivados para usá-las.

Como disse Sophia Mendes (milha filhota de dez anos): "na vida, nunca desista. Insista, persista, que um dia você conquista". Pensar positivamente é acreditar que você pode alcançar seus sonhos e seus objetivos, é pensar que, mesmo nas adversidades, haverá sempre uma lição positiva. Mesmo quando encontrar pedras em seu caminho, haverá uma recompensa para quem retirá-la, ou seja, agindo com *mindset* positivo, sua vida será mais positiva e com mais prazer de vivenciá-la.

Para Robbins (2017), a única segurança verdadeira na vida provém de saber que a cada dia você melhora de alguma maneira, que aumenta a capacidade de quem é e que é valioso para sua empresa, seus amigos e sua família.

Segundo Seligman (2010), as pessoas felizes não somente resistem melhor à dor e adotam mais precauções relativas à segurança e à saúde quando ameaçadas, mas também as emoções positivas desfazem as emoções negativas.

De acordo com Achor (2012), quando o nosso cérebro está constantemente procurando e se concentrando no positivo, nos beneficiamos das três ferramentas mais importantes: felicidade, gratidão e otimismo.

Para Goleman (2005), da perspectiva da inteligência emocional, ser esperançoso significa que não vamos sucumbir em uma ansiedade arrasadora, atitude derrotista ou em depressão diante de desafios ou reveses difíceis.

Precisamos diariamente semear a positividade em nossas vidas e na vida dos outros, fortalecendo nossas crenças positivas e o nosso *mindset* do crescimento. No decorrer de nossas vidas, enfrentaremos grandes batalhas e grandes conquistas. O resultado de nossas emoções e ações dependerá de como utilizamos nossa atitude mental. Recomendo que sempre utilizemos a atitude mental positiva, pois poderemos construir conexões positivas em nossas vidas.

Respeitando a história do outro

Respeitar a história do outro é sinal de sabedoria, humildade, empatia, benevolência, compaixão e assertividade.

O filósofo Aristóteles, na Grécia Antiga, disse que o homem aprendeu a escrever os defeitos no bronze e as virtudes na água. Esse pensamento se perdurou até os dias atuais e se tornou comum para a maioria das pessoas enxergar nos outros colegas os defeitos em detrimento das virtudes, fazendo com que as relações interpessoais se construam de forma negativa.

Para Carnegie (2012), em vez de condenar os outros, procuremos compreendê-los e descobrir por que fazem o que fazem. Essa atitude é mais benéfica e intrigante do que criticar; gera simpatia, tolerância e bondade.

Todas as pessoas, isso inclui todos nós, temos a tendência, quando conhecemos uma nova pessoa, de enxergar primeiro os defeitos e só depois, quem sabe, enxergar alguma virtude, seguindo a máxima de Aristóteles. É preciso entender que todas as pessoas possuem virtudes e defeitos, sendo que dentro de um contexto de positividade nos relacionamentos, precisamos dar ênfase nas virtudes da outra pessoa. Dessa forma, poderemos construir um *rapport* e desenvolver relacionamentos mais harmoniosos.

Os relacionamentos interpessoais construídos a partir da lente das virtudes, ou seja, de enxergar o outro como um ser de luz, valorizando e respeitando a história de outrem, possibilitará a construção de relacionamentos harmoniosos, gerando uma sensação de bem-estar e prazer entre as pessoas envolvidas.

O poder do perdão

Muitas situações de divergências e de conflitos acontecem na vida de todas as pessoas e, na maioria das vezes, após uma situação dessas, as pessoas saem com sentimento de amargura e rancor no coração, desenvolvendo sentimentos de vingança, construindo em suas mentes e corações pensamentos e emoções negativas que impactarão em comportamentos, atitudes e ações com a outra pessoa em "desafeto".

As grandes guerras da humanidade acontecem por divergências políticas e religiosas. As partes não aceitam ceder para o sucesso do outro e isso acaba gerando grandes conflitos, rancores e sentimento de vingança, os quais desencadeiam guerras e mortes desnecessárias de milhares de pessoas, o que poderia ser evitado pelos líderes se desenvolvessem a capacidade de perdoar ao outro.

Como disse Gandhi, "o fraco jamais perdoa: o perdão é uma das características do forte". Nesse contexto sabiamente colocado por Gandhi, o fraco não tem a fortaleza de perdoar, pois exige que as pessoas desenvolvam sentimentos de benevolência e compaixão, coisas que as pessoas fracas não têm quando estão cegas pelo ódio, rancor e vingança.

Mandela, ao caminhar em direção ao portão que o levaria à liberdade, refletiu que, se não deixasse sua amargura e seu ódio para trás, ainda permaneceria na prisão. Perdoar é um exercício de esquecer as coisas negativas do passado e viver o presente com compaixão e benevolência.

A magia da gratidão

O que é gratidão? Qual a importância da gratidão em nossas vidas e em nossos relacionamentos? E por aí vai... Então, primeiro temos que entender o que é gratidão.

Segundo um ditado francês, "a gratidão é a memória do coração". Já William Shakespeare considerava que a "gratidão é o único tesouro dos humildes". Friedrich Nietzsche disse que "a essência de toda arte bela, de toda grande arte, é a gratidão".

Poderíamos conceituar gratidão como sendo "a arte que vem do coração dos humildes", pois somente pessoas com humildade são capazes de agradecer algo a outra pessoa que lhe fez um favor ou uma contribuição a sua vida.

A gratidão provoca uma magia positiva em nossas vidas. A partir do momento que colocamos a gratidão como atitude positiva, passamos a reclamar menos, a julgar menos e enxergar as dificuldades como aprendizados, agradecendo todos os dias as coisas boas.

Experimente agradecer logo que se levantar da cama, agradecer a Deus por mais um dia de vida, pela sua família e amigos, por sua saúde, pelo seu emprego, pelas dificuldades enfrentadas como momentos de aprendizados, pelas conquistas, por ter oportunidade de realizar seus sonhos e objetivos, ou seja, agradecer, agradecer e agradecer.

Quando colocamos a gratidão no nosso dia a dia, a vida fica mais leve e mais plena, provocando uma verdadeira magia em nosso existir. Em vez de reclamar e gerar energia negativa, passamos a agradecer pelas conquistas e aprendizados, gerando uma energia positiva no universo. Agradecer é um ato de humildade com a vida e somente os humildes são capazes de agradecer. Esse é o verdadeiro tesouro e magia da vida.

Considerando que, para vivermos uma vida de bem-estar e felicidade, precisamos também construir relacionamentos interpessoais saudáveis e positivos, semeando o perdão e a gratidão como forma de criarmos conexões assertivas com outras pessoas.

Semear positividade nas relações interpessoais requer trabalhar primeiramente o autoconhecimento de forma que floresça uma pessoa plena, positiva e que tenha orgulho de sua história.

Semear positividade é desenvolver a atitude mental positiva, entendendo que na vida, às vezes, a gente ganha e, às vezes, a gente aprende, é enxergar o outro pela positividade e com um olhar nas virtudes e não nos defeitos.

Semear positividade nas relações interpessoais é praticar a humildade plena, o poder do perdão e a magia da gratidão. Assim, priorizaremos fazer o bem ao próximo e construir um mundo melhor e mais humanizado. Lembre-se que é dando que recebe e é perdoando que se é perdoado. Uma vida plena de positividade e bem-estar a todos vocês... Viva La Vida...

Referências

ACHOR, Shawn. *O jeito Harvard de ser feliz: o curso mais concorrido de uma das melhores universidades do mundo*. São Paulo: Benvirá, 2012.

CARNEGIE, Dale. *Como fazer amigos & influenciar pessoas*. 53. ed. São Paulo: Companhia Editora Nacional, 2012.

CHOPRA, Deepak. *Poder, gracia e libertad: la fuente de la felicidad permanente*. Buenos Aires: Gaia, 2015.

GOLEMAN, Daniel. *Inteligência emocional: a teoria revolucionária que redefine o que é ser inteligente*. São Paulo: Objetiva, 2005.

HILL, Napoleon. *A escada para o triunfo*. Porto Alegre: CDG, 2016.

HILL, Napoleon; Stone, W. Clement. *Atitude mental positiva*. Porto Alegre: CDG, 2015.

MARQUES, José R. *Coaching positivo: psicologia positiva aplicada ao coaching*. Goiânia: Editora IBC, 2015.

ROBBINS, Anthony. *Desperte seu gigante interior: como assumir o controle de tudo em sua vida*. 31. ed. Rio de Janeiro: BestSeller, 2017.

SAMORA, Guilherme. *Francisco: a biografia*. Rio de Janeiro: Globo Livros, 2018.

SELIGMAN, Martin E.P. *Felicidade autêntica: usando a nova psicologia positiva para a realização permanente*. Rio de Janeiro: Objetiva, 2010.

11
INTELIGÊNCIA SINDICAL NO MUNDO DO TRABALHO

Neste capítulo, abordarei uma visão contemporânea da área de relações trabalhistas, apresentando estratégias e ações necessárias para ajudar transformar o *mindset* tradicional para um *mindset* estratégico dos profissionais desta área, passando a atuar em estratégias que agreguem valor ao negócio das empresas, a partir do desenvolvimento de lideranças humanizadas, comunicação interna integrada, ações de *endomarketing*, ouvidoria sindical, canal de ética, inteligência sindical para gestores e negociação ganha-ganha.

As revoluções industriais ao longo das décadas provocaram disrupção no mundo do trabalho, impactando na forma como as empresas e empregados se relacionavam no ambiente, gerando desafios e oportunidades de construção de regramentos legais para disciplinar as relações, e isso provocou a criação da área e/ou do profissional de relações trabalhistas e sindicais. No mundo atual, surgiram grandes desafios e oportunidades nas relações laborais, provocando a necessidade de repensar a visão e atuação dos profissionais de relações trabalhistas e sindicais, buscando uma atuação mais estratégica, ampliando seu foco de atuação. Neste capítulo, apresentarei algumas estratégias que considero como contemporâneas e estratégicas para atuação mais ampla do profissional de relações trabalhistas.

Liderança humanizada

A primeira estratégia é o desenvolvimento de liderança humanizada como premissa para a criação de um ambiente de trabalho mais harmonioso e repleto de confiança entre líderes e liderados, possibilitando a eliminação de queixas não estruturais dos times de trabalho.

Nas diversas interações com dirigentes sindicais e colaboradores do chão de fábrica, evidencia-se que as grandes reclamações provêm da relação entre líderes e liderados, principalmente nos níveis mais baixos de gestão, nos quais, muitas das vezes, o gestor prioriza os processos em detrimento do cuidado com as pessoas. Quando isso acontece de forma habitual, ocorre ruptura nesse relacionamento.

A liderança humanizada é o primeiro passo para a construção de uma visão mais contemporânea das relações trabalhistas, pois líderes humanizados servirão e cuidarão dos seus times como se fossem um pastor cuidando dos seus rebanhos, sempre buscando as melhores condições e caminhos para conseguir atingir os objetivos comuns de forma respeitosa e harmoniosa.

Em lugares onde impera a liderança humanizada, existe um verdadeiro espírito de camaradagem entre líder e times de trabalho, prevalecendo nos relacionamentos o respeito, a cordialidade, a transparência, a camaradagem e isso provocará em seus liderados o orgulho de pertencimento e engajamento, fortalecendo a confiança entre as partes. Em lugares onde há confiança entre líderes e liderados, desenvolvem-se times positivos e, onde existem times positivos, não há interesse do Sindicato em tumultuar, porque se percebe que o líder está cuidando com maestria de seus liderados.

Segundo Sinek (2019), "a criação de times positivos inicia-se em construir um mundo no qual as pessoas acordem todas as manhãs inspiradas para ir ao trabalho, sintam-se seguras enquanto desempenham suas funções e voltem para casa realizadas pelo que fizeram".

Segundo Hunter (2006), "liderar significa conquistar as pessoas, envolvê-las de forma que coloquem seu coração, mente, espírito, criatividade e excelência a serviço de um objetivo".

Quando o relacionamento do líder versus time de trabalho não está harmonioso, começa-se a deteriorar a confiança e passa-se a construir muros. Em momentos de insatisfação do time de trabalho, procurará o Sindicato, em vez de procurar a liderança.

A liderança humanizada pressupõe a valorização do ser humano. As pessoas serão tratadas com respeito, reconhecimento, camaradagem, transparência e imparcialidade. O ambiente será construído com confiança e harmonia para que as pessoas se sintam felizes e engajadas para colocar todo seu talento e potencial para o atingimento de objetivos comuns.

Atitudes simples no dia a dia de trabalho do líder com o time de trabalho fazem uma enorme diferença e geram poder de ambientação e relacionamento positivo entre as partes, como: dar bom-dia individualmente, chamar pelo nome, parabenizar no dia de aniversário, ser transparente na comunicação, agir com justiça e meritocracia, reconhecer no momento quando a pessoa fez algo positivo, parabenizar por uma conquista pessoal, servir a pessoa quando ela está precisando de apoio moral e outros.

Maxwell (2008) afirma que "todos nós gostamos de ouvir coisas boas a nosso respeito. Todo mundo acha ótimo ser apreciado. No entanto, muita gente não recebe um retorno positivo ou manifestações de apoio no trabalho".

Em ambientes e times de trabalho em que a liderança atua de forma humanizada, constroem-se pontes diariamente com as pessoas. O líder será um maestro que busca harmonizar seus times de trabalho florescendo no ambiente a confiança e, onde há confiança entre liderança e times de trabalho, não haverá necessidade de pessoas buscarem apoio do Sindicato, pois o líder atuará como pastor, servindo e cuidando do seu rebanho.

Ambientes saudáveis

A segunda estratégia é a construção de ambientes saudáveis, nos quais as necessidades estruturais dos times de trabalho são plenamente atendidas, a partir da preocupação diária da gestão em fornecer condições estruturais de trabalho que atendam a necessidade das equipes.

Em minha experiência profissional em relações trabalhistas e sindicais em indústria multinacional de grande porte, bem como em grupos de estudos com outros profissionais em nível de Brasil, percebi que fatores de insatisfação estruturais são munições estratégicas para dirigentes sindicais gerarem pressão e barulho nas empresas, e isso é mais amplificado onde não existe um modelo de liderança humanizada.

Voltando para discussão dos aspectos estruturais que causam insatisfação nos times de trabalho, verifiquei que as principais demandas do chão de fábrica estão relacionadas a queixas de: alimentação, transporte, banheiros, refeitórios, transporte coletivo, bebedouros, garrafas de café, climatização, e outras. Percebe-se que são demandas simples e que podem e devem ser resolvidas pelo gestor imediato. No entanto, o que acontece muitas vezes é que o membro do time de trabalho procura o gestor para relatar determinada insatisfação e o gestor não dá a atenção devida, colocando-a em segundo plano. Quando isso se torna habitual, as pessoas do time de trabalho deixam de procurar o gestor e passam a procurar o Sindicato, o qual dará a atenção necessária, e não só isso, também amplificará na fábrica a insatisfação, gerando uma ação imediata da direção para a resolução do problema. Quando isso ocorre, o Sindicato se fortalece naturalmente com as pessoas e, em contrapartida, há um enfraquecimento do gestor.

Para mudar o panorama citado, o gestor tem que incluir em sua agenda estratégias e ações para eliminar as insatisfações estruturais vindas do seu time de trabalho, buscando junto às áreas responsáveis soluções imediatas. Quando não for possível, deve-se elaborar um plano de ação e compartilhar com seu time de trabalho e, dependendo do contexto, também compartilhar com os representantes sindicais que atuam na fábrica.

Quando o gestor mostra interesse e ação para resolução das insatisfações estruturais demandadas por seu time trabalho, sua credibilidade aumenta e, consequentemente, há fortalecimento da confiança entre líder e liderados. Isso somado ao modelo de atuação do gestor baseado na liderança humanizada torna quase impenetrável a entrada do dirigente sindical nesse ambiente de trabalho.

Inteligência sindical para gestores de fábrica

A terceira estratégia é a capacitação dos gestores em inteligência emocional, escuta ativa e comunicação não violenta, de forma que possam construir relacionamentos de longo prazo com dirigentes sindicais, primando pela negociação e jamais para o conflito.

O fortalecimento das habilidades citadas ajudará os gestores de fábricas a saber lidar com representantes sindicais de forma assertiva em momentos de pressão. Como os sindicalistas são superpreparados para atuar na zona emocional, em momentos de embates, os gestores conseguirão manter-se estabilizados para continuar a negociação.

Quando há ruptura no relacionamento entre gestores e representantes sindicais, as consequências serão muito negativas para as futuras negociações, bem como no ambiente de trabalho. A partir do momento em que o representante sindical criar barreiras com o gestor, buscará minar sua credibilidade junto a sua equipe. Portanto é fundamental que o gestor tenha inteligência sindical, buscando jamais construir muro nos relacionamentos sindicais, mas, sim, pontes diariamente. Para isso, se faz necessário fortalecer as habilidades de inteligência emocional, escuta ativa e comunicação não violenta.

Segundo Daniel Goleman, "inteligência emocional é a capacidade que o indivíduo tem de encontrar o equilíbrio entre a razão e a emoção, evitando e controlando momentos de risco de agir com atitudes agressivas ou passivas, gerenciando, de forma eficaz, nossas emoções básicas – medo, raiva, alegria e tristeza".

Nas relações interpessoais, é fundamental construir relacionamentos maduros e duradouros. Em muitos casos, excelentes profissionais estagnam suas carreiras ou são demitidos por não terem bons relacionamentos interpessoais, ou seja, falta *skill* de inteligência emocional, construída com base no desenvolvimento da autoconsciência, do autocontrole, da motivação, da empatia e de habilidades sociais.

No mundo das relações sindicais, os profissionais que atuam como relações trabalhistas e sindicais devem fortalecer diariamente sua inteligência emocional, pois estarão, na maioria das vezes, vivenciando e participando de situações de tensão. Nesse momento, é fundamental ter maturidade na habilidade de inteligência emocional, buscando sempre evitar o conflito e primar pela negociação.

Outra habilidade importante para o profissional de relações trabalhistas é a escuta ativa. O termo escuta ativa foi criado em 1970 pelo psicólogo clínico Thomas Gordon, reconhecido como um pioneiro no ensino de técnicas de comunicação e métodos de resolução de conflitos.

Segundo Dalai Lama, "quando você fala, está apenas repetindo aquilo que você já sabe, mas se você escuta, então pode aprender algo novo". A escuta ativa é uma das técnicas mais utilizadas durante a mediação e uma das ferramentas mais importantes na comunicação. Consiste em escutar atentamente o interlocutor, não só com os ouvidos, mas com todos os sentidos.

A escuta ativa é a habilidade que as pessoas conseguem ouvir na essência a mensagem do seu interlocutor. Para isso, é necessário trabalhar algumas atitudes durante o processo comunicacional, como: a) manter o contato visual; b) praticar a empatia; c) demonstrar interesse na mensagem do interlocutor; d) fazer questionamentos sobre a mensagem; e) prestar atenção; f) dar *feedback* ao interlocutor da mensagem.

No processo de Escuta Ativa, deve-se trabalhar a empatia, o ouvir sem julgamento, prestar atenção não linguagem verbal e não verbal, tom de voz e sentimentos. Para validar a mensagem, pode-se utilizar o espelhamento, ou seja, repetir exatamente o que pessoa falou e/ou resumir o que a pessoa disse e/ou dizer, com suas próprias palavras, o que você entendeu do que a pessoa falou. Essa habilidade é essencial quando nos relacionamos e dialogamos com sindicalistas, é preciso ouvir na essência e entender os motivadores pessoais durante esse processo de escuta, praticando a empatia para entender o que está encapsulado na mensagem.

Já a habilidade de comunicação não violenta pressupõe que o processo comunicacional deverá priorizar a construção de pontes e não a construção de muros, primando pelo respeito ao interlocutor, entendendo que todo ser humano tem virtudes e defeitos, mas que precisamos sempre focar nas virtudes.

Segundo Rosenberg (2005), "as pessoas que parecem monstros são apenas seres humanos cuja linguagem e comportamento às vezes nos impedem de perceber a sua natureza humana".

A prática da comunicação não violenta ajudará o gestor a desenvolver uma relação mais madura e de longo prazo com dirigentes sindicais, pois focará em desenvolver um diálogo maduro, com respeito e buscando sempre o processo negocial em vez do conflito.

Para Gandhi, "nunca use violência de nenhum tipo. Nunca ameace com violência de nenhum modo. Nunca sequer tenha pensamentos violentos. Nunca discuta, porque isso ataca a opinião do outro. Nunca critique, porque isso ataca o ego do outro".

O fortalecimento das habilidades da liderança em inteligência emocional, escuta ativa e comunicação não violenta nos relacionamentos com dirigentes sindicais contribuirá para um processo mais negocial e de menos conflito, buscando utilizar a razão e uma comunicação assertiva, principalmente nos momentos de alta tensão e estresse, focando sempre na construção de pontes e não na construção de muros.

Fortalecendo a comunicação interna e o endomarketing

A quarta estratégia é o fortalecimento da comunicação interna (principalmente referente às relações trabalhistas) e do *endomarketing* junto aos colaboradores da empresa e com aqueles que atuam no chão de fábrica, de forma que a empresa seja mais ágil e assertiva na comunicação com seus colaboradores.

Fortalecer a comunicação interna nas organizações é fundamental para construir uma base de transparência entre a empresa e seus colaboradores. Nesse contexto, é necessário adotar estratégias de comunicação interna de acordo com o público-alvo que se deseja atingir, com uma linguagem assertiva e objetiva.

O primeiro passo no desenvolvimento de uma estratégia eficaz e eficiente de comunicação interna é mapear e classificar seu público-alvo, definindo para cada um quais são as peças e os meios de comunicação que serão utilizados; do contrário, as ações de comunicação interna não atingirão seus objetivos e correm o risco de perder a credibilidade dos colaboradores, pela falta de uma comunicação mais assertiva com seu público-alvo.

No âmbito das relações trabalhistas e sindicais, é fundamental envolver as lideranças no processo comunicacional, capacitando-as nas habilidades de oratória e comunicação interpessoal. Se as lideranças não tiverem tais habilidades, a comunicação poderá chegar aos colaboradores de forma ineficaz, gerando ruído no processo comunicacional.

Depois de definidas as estratégias comunicacionais e capacitação das lideranças, é fundamental estruturar internamente os meios de comunicação, como: murais setoriais, murais em pontos estratégicos, *minioutdoor*, TV interativa nos refeitórios e/ou em pontos estratégicos, redes sociais e outros meios de comunicação. No período de grandes negociações sindicais, todos os meios de comunicação devem ser usados para atualizar os colaboradores (orelha direita - razão) sobre os processos de negociação, bem como esclarecer e colocar de forma correta as possíveis *fake news* disseminadas pelo sindicato (orelha esquerda - emoção).

Em paralelo às ações e às estratégias de comunicação, é fundamental trabalhar o *endomarketing*, fortalecendo junto aos colaboradores as melhores práticas que a empresa adota na área de benefícios, políticas salariais, investimentos estruturais (transporte, banheiros, área de lazer, refeitórios e outros), ações sociais internas e externas, campanhas de prevenção da saúde e segurança do trabalho.

Enfim, quando as empresas investem fortemente na comunicação interna e nas ações de *endomarketing*, gera orgulho de fazer parte daquela empresa e fortalece o senso de pertencimento, enfraquecendo as ações do sindicato de persuadir os colaboradores para jogarem contra a empresa.

Canal de ética

A quinta estratégia é a implantação do canal de ética nas organizações para mitigar excesso nas relações de trabalho, possibilitando às pessoas que foram submetidas à comunicação violenta, discriminação, assédio moral e sexual ou qualquer tipo de excesso nos relacionamentos de trabalho por parte dos gestores ou pares possam se manifestar e a empresa possa realizar as investigações cabíveis e tomar ações para eliminar os excessos nas relações de trabalho. O canal de ética é uma estratégia para monitorar o excesso nas relações de trabalho, o meio para que as pessoas impactadas possam se manifestar.

As ocorrências registradas pelo colaborador no canal de ética serão recolhidas pela área de governança corporativa para disparar uma sindicância à área de relações trabalhistas.

A área de relações trabalhistas executará a sindicância interna, realizando as oitivas com as testemunhas (quantas achar necessária) e, por fim, elaborará um resumo das oitivas, materializando evidências dos fatos ocorridos e enviando seu relatório para o comitê de ética da empresa, o qual proferirá a decisão mais adequada, baseada nos fatos apurados, sempre primando por decisões éticas e imparciais.

A implantação do canal de ética gera um movimento interno de respeito nas relações de trabalho entre todos os níveis da organização, reduzindo drasticamente casos de assédio moral e sexual, pois todos ficam cientes na empresa que a tolerância é zero para casos de excesso nas relações de trabalho. Em paralelo à implantação do canal de ética, é fundamental a disseminação da importância do comportamento ético dentro da organização, e esse movimento é fortalecido com ações de *workshop* sobre assédio moral e sexual, ética e responsabilidade social, reforço do regulamento interno e treinamento de liderança humanizada.

Ouvidoria sindical e comitê de relações trabalhistas

A sexta estratégia é a implantação da ouvidoria sindical e o comitê bimestral de relações sindicais, que tem como foco antecipar-se à amplificação de queixas estruturais e não estruturais pelo sindicato, bem como dar a importância devida às demandas sindicais pela alta direção, por meio do comitê de relações sindicais.

Dependendo do contexto de cada organização, a ouvidoria sindical interna pode ser feita em duas frentes: 1º) Ouvidoria semanal com dirigentes sindicais; 2º) Ouvidoria semanal no chão de fábrica.

A ouvidoria semanal com dirigentes sindicais é importante para fortalecer o relacionamento da área de relações trabalhistas e representantes sindicais, bem como mitigar a amplificação que o sindicato poderia dar em determinadas queixas. É fundamental que essa reunião semanal seja formalizada em ata e as demandas sejam colocadas em PDCA, a fim de que o profissional de relações trabalhistas leve as demandas para os gestores das áreas impactadas e, juntos, tracem um plano de ação para eliminar ou mitigar as queixas. Depois da definição do plano de ação, é essencial o *feedback* evolutivo do status de cada ação traçada com o representante do sindicato; caso contrário, perde-se a credibilidade da estratégia.

Outra estratégia de ouvidoria é a do RH ou RT uma vez por semana, direto com os colaboradores no chão de fábrica. Esse tipo de estratégia serve para se antecipar ao encaminhamento de queixas dos colaboradores ao sindicato, atuando de forma mais preventiva. Acredito que, quando as empresas possuem gestores preparados, praticando o modelo de liderança servidora e humanizada, não haverá necessidade de implementar essa estratégia. Quando as empresas possuem lideranças focadas em cuidar e servir as pessoas, não haverá espaço para insatisfação.

A estratégia de comitê bimestral de relações sindicais serve para valorizar a área de relações trabalhistas junto à alta direção e compartilhar as insatisfações estruturais e não estruturais do chão de fábrica, a fim de que tenham consciência da percepção dos colaboradores em relação ao ambiente de trabalho, de forma mais ágil e objetiva, do que a famosa pesquisa de clima organizacional. Os encontros do comitê servem também para direção da empresa apoiar estratégias e ações de melhoria no ambiente de trabalho, visando ao fortalecimento da gestão setorial.

Processo de negociação ganha-ganha

A última estratégia é a implementação do método de negociação baseado nos princípios de negociação de Harvard, a qual pressupõe o foco no objetivo e processo e não nas pessoas.

O método de Negociação de Harvard é baseado em negociação por princípios com foco nas relações de longo prazo e em resultados ganha-ganha. Os princípios do método de negociação de Harvard são baseados em sete elementos: 1. Interesses; 2. Opções; 3. Critérios; 4. Alternativas; 5. Compromissos; 6. Comunicação; 7. Relacionamento.

Para Lewicki, Saunders e Barry (2014), "a negociação é o processo pelo qual duas ou mais partes tentam resolver interesses opostos, sendo a negociação um dos vários mecanismos pelos quais as pessoas resolvem conflitos".

As negociações sindicais são extremamente estratégicas para as organizações, sindicatos e para os colaboradores, devendo ser trabalhadas com grande ênfase no planejamento e nos relacionamentos sindicais. Dessa forma, é necessário pensar em negociações de longo prazo, buscando construir relacionamentos maduros e duradouros com as partes envolvidas, primando por processos de negociações ganha-ganha.

Para Sander (2020), "quando os dois lados ganham e satisfazem alguns de seus objetivos, necessidades e desejos a partir da negociação, então, o processo se torna mais rápido, fácil e geralmente melhor para todos".

Já para Fisher, Ury e Patton (2005), "em contraste com a barganha posicional, o método da negociação baseada em princípios, concentrando-se nos interesses básicos, nas opções mutuamente satisfatórias e em padrões imparciais, resulta, tipicamente, em acordos sensatos".

Segundo Weiss (2018), "diante das poucas soluções que restam, é hora de avançar rumo ao acordo final. Faça isso empregando a sua alternativa certificando-se de que o que está na mesa é o melhor. Então, assuma cuidadosamente seus compromissos para que o acordo seja viável para todos".

Negociar com base na visão ganha-ganha constrói com sindicatos relacionamentos de longo prazo e um fortalecimento da confiança, independente das posições contraditórias nas mesas de negociação, pois a maturidade do processo ao longo dos anos contribuirá para que empresas e sindicatos consigam atingir seu objetivo, sem desgastar os relacionamentos interpessoais.

Considerando que estamos vivendo em um mundo disruptivo, no qual a inovação contínua é um pressuposto para o sucesso nas carreiras e nos negócios, para atuar nele é necessário no profissional uma mudança de *mindset*, de um pensamento cartesiano e tradicional para um pensamento disruptivo e de aprendizado contínuo, colocando-se aberto para o novo e para as novas possibilidades, buscando sempre agregar valor com suas ações e atitudes. Esse é o momento do profissional de relações embarcar em um novo mundo, cheio de desafios e oportunidades, e de grandes aprendizados. Pergunto a você: o que está esperando para iniciar sua jornada de transformação?

Referências

BOCK, Laszlo. *Um novo jeito de trabalhar: o que o Google faz de diferente*. Rio de Janeiro: Sextante, 2015.

BUSH, Michael C. *A Great Place to Work For All*. São Paulo: Primavera Editorial, 2018.

CARVALHAL, Eugênio do. *Negociação: fortalecendo o processo – como construir relações de longo prazo.* 5. ed. Rio de Janeiro: Vision, 2010.

FISHER, Roger; URY, William; PATTON, Bruce. *Como chegar ao SIM.* 2. ed. Rio de Janeiro: Imago Ed., 2005.

HUNTER, James C. *Como se tornar um líder servidor: os princípios de liderança de o monge e o executivo.* Rio de Janeiro: Sextante, 2006.

KOFMAN, Fred. *Liderança & propósito: o novo líder e o real significado do sucesso.* Rio de Janeiro: Harper Collins, 2018.

LEWICKI, Roy J.; SAUNDERS, David M.; BARRY, Bruce. *Fundamentos de negociação.* 5. ed. Porto Alegre: AMGH, 2014.

MARTINS, Vera. *Seja assertivo: como conseguir mais autoconfiança e firmeza na sua vida profissional e pessoa.* Rio de Janeiro: Elsevier, 2005.

MAXWELL, John C. *O livro de ouro da liderança.* Rio de Janeiro: Thomas Nelson Brasil, 2008.

ROSEMBERG, Marshall B. *Comunicação não violenta: técnicas para aprimorar relacionamentos pessoais e profissionais.* São Paulo: Ágora, 2006.

SANDER, Peter. *Tudo o que você precisa saber sobre negociação.* São Paulo: Gente, 2020.

SINEK, Simon. *Juntos somos melhores.* Rio de Janeiro: Sextante, 2019.

WEISS, Jeff. *Negociações eficazes: tome iniciativa, gerencie conflitos e chegue ao sim.* Rio de Janeiro: Sextante, 2018.

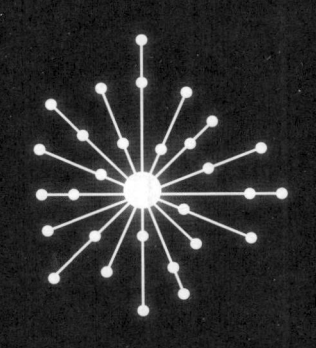

PARTE 4: CARREIRA E TRABALHO NO SÉCULO XXI

Os homens perdem saúde para juntar dinheiro, perdem dinheiro para recuperar saúde. E por pensarem ansiosamente no futuro, esquecem o presente de forma que acabam por não viver nem o presente nem o futuro. Vivem como se nunca fossem morrer e morrem como se nunca tivessem vivido.

DALAI LAMA

12
AUTOCONHECIMENTO E PROPÓSITO DE VIDA

Neste capítulo, reflito sobre a importância de se conhecer para poder se posicionar profissionalmente de forma assertiva no mundo do trabalho e na vida pessoal.

Se eu desejo uma vida com consciência, com a recusa à alienação, se quero algo que me leve ao pertencimento de mim mesmo e daquilo que faço, preciso ter razões mais sólidas do que apenas argumentar a necessidade de sobrevivência.

MÁRIO SERGIO CORTELLA

A jornada de aprendizado de todo ser humano é mais suave e prazerosa quando ele desenvolve o autoconhecimento e encontra seu propósito de vida, mas a maioria das pessoas não se conhece e não tem um propósito de vida, levando uma realidade sem prazer e felicidade.

O autoconhecimento é um processo contínuo de entender seu verdadeiro EU e, para iniciar esse processo, é necessário praticar a humildade. A humildade é a base para iniciar o processo de autoconhecimento, pois é necessária uma imersão em seu EU para identificar valores, pontos fortes, pontos fracos e encontrar sua missão e propósito de vida.

Muitas pessoas olham para o espelho e acham que são o Super-Homem ou a Mulher-Maravilha e, na realidade, estão mais para Robin ou Mulher-Gato. Por que isso acontece? A maioria das pessoas não se conhece profundamente, acha que é de um jeito e as pessoas enxergam como outra pessoa.

O primeiro passo na jornada do autoconhecimento é o inventário ou identificação dos valores pessoais. E como podemos descobrir nossos valores? Uma das técnicas para distinguir valores é determinar seus super-heróis e mapear as atitudes e características que admira neles, seguindo o passo a passo a seguir:

1. Identifique seus super-heróis favoritos;
2. Escreva em um papel quais são as características e atitudes dos super-heróis que admira;
3. Reconheça em cinco itens escritos quais mais se identificam com você;
4. Transforme esses itens em adjetivos. O resultado são os seus valores. Ex.: espiritualidade, família, educação, generosidade e justiça.

O segundo passo na jornada do autoconhecimento é a identificação ou encontro da sua missão e propósito de vida. Muitos pesquisadores e estudiosos defendem a tese de que o nosso propósito de vida está ao nosso lado e, na maioria de nossa jornada, não conseguimos encontrá-lo. Geralmente está relacionado ao nosso principal talento e tem relação de algo mais altruísta focado em ajudar de alguma forma as pessoas. A minha missão e propósito de vida é "Inspirar pessoas a sonharem mais e aprenderem mais para, juntos, construirmos um mundo melhor". A seguir, um passo a passo com algumas perguntas poderosas para ajudá-lo a encontrar sua missão e propósito de vida.

1. Qual a razão de existir?
2. Qual valor eu poderia gerar para o mundo?
3. Qual o legado quero deixar para a sociedade?
4. Como eu quero ser visto ao final da minha jornada?

O terceiro passo na jornada do autoconhecimento é a identificação dos pontos fortes e dos pontos de melhoria. Você conhece a sua melhor versão? Você sabe exatamente em que "Você manda bem"? Se ainda está com dificuldades de responder de pronto ou mesmo nada lhe vem à mente, talvez seja hora de aprofundar o assunto.

A vida é uma jornada de altos e baixos, na qual teremos momentos de alegrias ou de tristezas e, dependendo de como lidaremos com a tristeza, fará uma diferença muito grande em nosso bem-estar e de nossa família.

Uma vida construída com aceitação de nossas imperfeições, de transformar cada instante em um momento único, de se colocar no lugar do outro antes de criticar, resgatando a alegria de aproveitar plenamente a vida, são diretrizes pessoais capazes de nos ajudar a encontrar o contentamento e o prazer de viver.

Na filosofia japonesa, o *Kintsugi* é a arte japonesa de aceitar suas imperfeições e encontrar a felicidade, procurando identificar beleza e aprendizado mesmo nas situações que teoricamente parecem ser de infelicidade.

Segundo Navarro (2019), "*Kintsugi* é a arte japonesa de recompor o que se quebrou. Quando uma peça de cerâmica se quebra, os mestres *Kintsugi* a reparam com ouro, deixando à vista a reconstrução, pois, para eles, uma peça reconstruída é símbolo de fragilidade, força e beleza".

A filosofia do *Kintsugi* nos faz pensar e refletir sobre a importância dos obstáculos e das dificuldades em nossas vidas, pois só podemos crescer e evoluir se tivermos ao longo de nossa jornada oportunidades de encontrar adversidades, que são o combustível que nos transformará em uma versão melhor.

Na filosofia japonesa, existem outros aprendizados, como o *Ichigo-ichie*, o qual prega a importância de transformar cada instante em um momento único, mesmo que seja em um primeiro momento uma adversidade ou dificuldade.

Para Miralles e Garcia (2018), "é possível traduzir *Ichigo-ichie* como uma vez, um encontro ou neste momento ou uma oportunidade". Ainda, "o que se quer transmitir é o fato de que cada encontro, cada experiência vivenciada, é um tesouro único que nunca se repetirá da mesma maneira. Portanto, se o deixarmos escapar sem desfrutá-lo, ele estará perdido para sempre".

Isso nos remete a entender que, em nossas vidas, cada momento é único e deve ser vivido intensamente, pois pode ser aquele momento único que jamais voltará a se repetir.

Quantas vezes em nossas vidas desejamos fazer algo e adiamos, e muitas vezes aquela oportunidade não voltará jamais.

Muitas vezes temos vontade e condições de viajar para algum lugar com a família e adiamos várias vezes. Outras, temos vontade e condições de comprar algo que sonhamos e adiamos. Quantas e quantas vezes deixamos a oportunidade de viver intensamente aquele momento único em nossas vidas, que depois lá na frente vai gerar um sentimento de arrependimento.

Um dos conceitos mais antigos da humanidade é o famoso *Carpe Diem*, muito esquecido nos dias atuais, mas que cabe fortemente resgatá-lo, pois precisamos vivenciá-lo com muita intensidade, já que as coisas acontecem disruptivamente e não sabemos como será o dia de amanhã.

A primeira pessoa de temos conhecimento na história a usar a palavra *Carpe Diem*, aproveite o dia, foi o poeta romano Horácio, há mais de 2 mil anos.

Segundo Krznaric (2018), "nas diversas traduções de *Carpe Diem* que abundam: embora usualmente traduzida como aproveite o dia, é traduzida por vezes como desfrute, agarre ou goze o dia".

Viver a vida intensamente, independentemente se é o momento feliz ou de infelicidade, olhando sempre as coisas positivas que aquele momento está lhe trazendo é viver um momento *Carpe Diem* ou como gosto de falar um momento *Viva La Vida*.

Aceitar quem somos, as imperfeições da vida, ter coragem de ser imperfeito e a postura mental positiva para as intercorrências da vida, pois aceitando quem somos e tendo a coragem de aceitar as imperfeições que a vida nos trará, fortalecemos nossas atitudes mentais positivas para buscar oportunidades, entendendo que na vida, às vezes, a gente ganha e, às vezes, a gente aprende. Isso é fundamental para construirmos uma vida de contentamento.

Para Brown (2019), "a vontade de assumir os riscos e de se comprometer com a nossa vulnerabilidade determina o alcance de nossa coragem e a clareza de nosso propósito. Por outro lado, o nível em que nos protegemos de ficar vulneráveis é uma medida de nosso medo e de nosso isolamento em relação à vida".

Segundo Achor (2020), "só quando escolhemos acreditar que vivemos em mundo no qual as dificuldades podem ser superadas, que o nosso comportamento pode fazer alguma diferença e que a mudança é possível, conseguimos mobilizar toda nossa motivação, energia e recursos emocionais e intelectuais para fazer a mudança acontecer. Aí podemos criar uma realidade positiva".

Precisamos ter coragem de arriscar, de errar, de aceitar nossas imperfeições sem pressão, de ser vulnerável. Somente da ousadia e da coragem de quebrar paradigmas, sairemos da zona de conforto e migraremos para a zona de crescimento. Precisamos ser disruptivos em nossa jornada, arriscando mais e buscando transformar verdades absolutas em novas perguntas e novas afirmações. Como disse Fernando Pessoa, segue teu destino, rega tuas plantas, ama as tuas rosas. O resto é sombra de árvores alheias... Vê de longe a vida. Nunca a interrogues. Ela nada pode dizer-te. A resposta está além dos deuses.

Viver em um mundo disruptivo, em que as coisas mudam de forma contínua, as incertezas passam a ser certezas, ambiguidade é o contraditório, gerando novas ideias e inovações, faz-nos arriscar mais e ousar, e ser mais vulneráveis, aceitando a imperfeição como uma dádiva e uma oportunidade infinita de encontrar nossa melhor versão. Assim, temos a certeza de que na vida, às vezes, a gente ganha e, às vezes, a gente aprende.

Referências

ACHOR, Shawn. *Grande potencial: cinco estratégias para você chegar mais longe desenvolvendo as pessoas a seu redor.* São Paulo: Benvirá, 2018.

_____. *O jeito Harvard de ser feliz*. São Paulo: Benvirá, 2012.

_____. *Por trás da felicidade: aprenda a enxergar uma realidade positiva e seja mais feliz e bem-sucedido*. São Paulo: Benvirá, 2020.

CORTELLA, Mário Sergio. *Por que fazemos o que fazemos? Aflições vitais sobre o trabalho, carreira e realização*. São Paulo: Planeta Brasil, 2017.

GARCIA, Héctor; MIRALLES, Francesc. *Ichigo ichie – a arte japonesa de transformar cada instante em um momento precioso*. Rio de Janeiro: Sextante, 2019.

KRZNARIC, Roman. *O poder da empatia: a arte de se colocar no lugar do outro para transformar o mundo*. Rio de Janeiro: Zahar, 2015.

_____. *Carpe diem: resgatando a arte de aproveitar a vida*. Rio de Janeiro: Zahar, 2018.

LAMA, Dalai. *A prática de meditação essencial: técnicas tibetanas para descobrir a natureza real da mente e alcançar a paz interior*. São Paulo: Pensamento, 2019.

LAMA, Dalai; TUTU, Desmond. *Contentamento – o segredo para a felicidade plena e duradoura*. São Paulo: Globo, 2017.

13

O NOVO SIGNIFICADO DO TRABALHO

Cada vez mais, as pessoas buscam carreiras e organizações que tenham um propósito alinhado com seu propósito de vida, ou seja, que tenha um significado maior que gere impactos positivos na sociedade.

O analfabeto do século XXI não será aquele que não consegue ler e escrever, mas aquele que não consegue aprender, desaprender e reaprender.

ALVIN TOFFLER

Trabalho para toda vida, carreira em X ou Y, políticas paternalistas de benefícios, liderança autocrática, jornadas excessivas de trabalho, fidelidade à marca empregadora, priorização do trabalho em relação à família e saúde em segundo lugar. Esse cenário do mundo do trabalho está com os dias contados, pois as novas gerações que estão chegando ao mundo do trabalho querem ser felizes, se sentir como donas, ter qualidade de vida e uma jornada de muita contribuição e que seja em empresas socialmente responsáveis.

Estamos vivendo um novo momento na sociedade e no mundo do trabalho, em que precisamos incentivar e desenvolver a visão crítica das pessoas, incentivando-as a desobedecerem ao status "quo", pensar diferente, fora do quadrado, em novas possibilidades; do contrário, organizações tradicionais que continuarem com seu modelo de gestão autocrática será varrida do mapa. A nova geração busca trabalhar em empresas que sejam modernas e disruptivas.

As carreiras tradicionais em X e Y estão dando lugar para carreiras mais flexíveis e exponenciais. As novas gerações não aceitam mais caminhar em trilha de carreira tradicional, na qual levaria anos para avançar posições e em um caminho de aprendizados limitados. No mundo disruptivo, as mudanças ocorrem de forma rápida e inovativa. É preciso migrar para modelos de carreiras que privilegiem movimentos de aprendizados 360º, com avanços em posições na forma "W" ou "T", pois nesse contexto disruptivo profissões nascem e morrem todos os dias, abrindo espaço para novas nomenclaturas e possibilidades, o foco é a multicarreira.

A nova geração busca equilibrar trabalho e qualidade de vida, priorizando empresas que ofereçam horários flexíveis e incentivos a práticas de fortalecimento da saúde física e mental. Além de conexão com aquelas que tenham uma marca forte na atuação da responsabilidade social e ambiental, sem esquecer que a nova geração valoriza ambientes criativos e inspiradores, que a desafie para a inovação.

Segundo Wiseman (2022), "os profissionais mais influentes compreendem que, deixando que as circunstâncias orientem seu trabalho, eles conseguem angariar credibilidade e aprofundar o próprio impacto. Também não correm atrás de toda e qualquer necessidade; em vez disso, procuram um casamento entre necessidade real e as próprias competências mais arraigadas".

Propósito e significado	Responsabilidade com o planeta	Qualidade de vida	Espaço criativo e inovador	Altruísmo
Coerência entre propósito de vida e carreira.	Ações e decisões devem estar pautadas pela preservação do planeta.	Equilíbrio entre trabalho e vida pessoal.	Ambiente profissional que inspire e desafie diariamente.	*Give back to society* - ajudar a diminuir a desigualdade social.

Figura: O novo propósito do trabalho. Fonte: o próprio autor.

Uma das estratégias emergentes de RH para tornar a jornada do colaborador mais prazerosa e com senso de pertencimento é o *Employee Experience*, que tem como objetivo principal criar experiências inesquecíveis em cada etapa da vida do colaborador dentro das organizações, desde o *onboarding* até o *offboarding*, construindo em cada etapa especial da sua jornada de trabalho momentos "uau", ou seja, momentos de reconhecimento e celebração, no qual seja reforçado o espírito de pertencimento e engajamento coletivo.

A nova geração quer uma carreira que tenha propósito e significado, ou seja, haja uma coerência entre propósito de vida e carreira. Também que haja uma conexão entre seu propósito de vida e propósito organizacional da empresa empregadora, que esta empresa tenha em sua cultura valores e artefatos focados na sustentabilidade do planeta e ações de responsabilidade social e que possibilite um equilíbrio entre o trabalho e a vida pessoal, oferecendo benefícios para fortalecer a saúde física e mental, que tenha um ambiente aberto à criatividade, que incentive e desafie as pessoas a inovar, que ofereça movimentos de engajamento individual e coletivo para práticas voluntárias. Assim, contribuindo para desigualdade social e sustentabilidade do planeta, aplicando a máxima do Vale do Silício "*Give back to society*".

Nessa nova onda do mundo do trabalho, entender a geração "Z" é fundamental, pois são pessoas com um perfil mais altruísta do que as gerações anteriores e que não abrem mão da qualidade de vida, priorizando o equilíbrio entre trabalho e vida pessoal, buscando uma atuação protagonista na sociedade, que vão escolher carreiras e empresas que pensem e ajam de acordo com sua a visão de mundo. É uma nova geração que precisa ser entendida e respeitada pelas lideranças de gerações anteriores e, ao mesmo tempo, se faz necessário os profissionais de RH repensando as políticas de gestão de pessoas lineares para uma política não linear; caso contrário, não vão conseguir reter talentos dessa nova geração.

Considerando que estamos vivenciando uma grande transformação no mundo do trabalho, motivada pela transformação digital, conflito de gerações, inclusão e diversidade, adoecimento no trabalho, fenômenos esses que nos fazem refletir sobre os grandes desafios que virão pela frente. No entanto, ao mesmo tempo nos oportuniza grandes possibilidades em transformar as relações de trabalho tradicionais tóxicas em uma relação que gere prazer e engajamento a todos os colaboradores dentro das organizações. Para que isso aconteça, se faz necessário repensar as políticas de gestão de pessoas para um modelo mais humanizado e criativo.

Em suma, o novo mundo do trabalho será abundante em trabalho, mas com escassez de emprego e isso tem muito a ver com a flexibilização das leis trabalhistas, transformação digital e novos entrantes no mercado com visões de mundo diferentes e que priorizarão a qualidade de vida. Isso provocará novos modelos de trabalho, que exigirão um repensar de toda sociedade, principalmente as instituições de ensino que deverão resenhar seus modelos de formações focados no emprego, migrando modelos focados no empreendedorismo, que será o emprego do futuro.

Referências

CORTELLA, Mário Sergio. *Por que fazemos o que fazemos? Aflições vitais sobre o trabalho, carreira e realização.* São Paulo: Planeta Brasil, 2017.

WISEMAN, Liz. *Players de impacto: como assumir a liderança e fazer a diferença.* Rio de Janeiro: Harper Collins, 2022.

14
LIFELONG LEARNING

Neste capítulo, abordarei a importância e as principais estratégias para construirmos sustentabilidade em nossos aprendizados por meio do conceito *Lifelong Learning*.

Quando desobedecemos ao consenso externo e aos padrões esperados pela sociedade, nos abrimos ao novo. Nós nos permitimos experimentar o diferente. E no momento em que isso ocorre, um repertório inédito de descobertas e possibilidades vem à tona.

MAURÍCIO BENVENUTTI

Em mundo disruptivo, é preciso adotar uma postura de aprendizado diário; do contrário, podemos cair na área movediça da zona de conforto e ficarmos presos nela por parte de nossa vida, trazendo um prejuízo imensurável para o nosso crescimento pessoal e profissional, o que gera, inclusive, desmotivação e tristeza em nossa jornada. Para mudar esse cenário, precisamos adotar um *mindset* de crescimento e buscar no *lifelong learning* o combustível que alimentará a nossa energia rumo ao *mindset* do crescimento contínuo.

Imagine um mundo em que as coisas mudam de forma rápida e continuamente, e a maioria das pessoas continua na zona de conforto, estagnada em um *mindset* fixo, acreditando que já sabem tudo e que não precisam saber mais nada. Qual o futuro dessas pessoas em um mundo de mudanças contínuas? Espero que você não se encontre nessa situação, pois só terá sucesso nas carreiras e no empreendedorismo quem ousar aprender todos os dias ao longo de sua vida.

Dentro do conceito de *mindset*, existem o *fixed mindset* (*mindset* fixo) e o *growth mindset* (*mindset* de crescimento), os quais classificam a visão de mundo de cada pessoa. O *mindset* fixo representa aquelas pessoas que estão na zona de conforto e que acham que já sabem tudo, que não precisam mais aprender e estão ligadas diretamente à crença limitante de que nossas qualidades não mudam. Já o *mindset* de crescimento representa aquelas pessoas que seguem a máxima de Aristóteles "só sei que nada sei" e possuem a crença de que o universo do aprendizado é infinito e que podem fortalecer diariamente seus aprendizados.

Para Dweck (2017), "acreditar que suas qualidades são imutáveis – o *mindset* fixo – cria a necessidade constante de provar a si mesmo seu valor. Já o *mindset* de crescimento se baseia na crença de que você é capaz de cultivar suas qualidades básicas por meio dos próprios esforços".

As pessoas devem focar em mudar a chave e migrar do *mindset* fixo para o *mindset* de crescimento, buscando desenvolver hábitos diários de aprendizado contínuo, entendendo que, no século XXI, devem ter uma atitude de melhoria contínua, desenvolvendo novos hábitos e colocando na meta de aprendizado algo sustentável em toda sua jornada. Para que isso aconteça, deve-se libertar da corrente da crença limitante, de que não consegue evoluir, não precisa saber mais nada e migrar para o *mindset* de crescimento, adotando uma postura de eterno aprendiz e de que o impossível é só uma questão de opinião.

Para Schlochauer (2021), "a matemática é simples: estamos vivendo mais e o mundo está mudando mais rápido. O aprendizado é o único caminho para nos mantermos relevantes e ativos. E crescimento, sucesso e inovação não são características de uma faixa etária específica. São escolhas que podemos fazer todos os dias nos convidando a examinar nossa sociedade e suas mudanças com curiosidade, atenção e carinho".

Importante ressaltar que, para desenvolvermos uma mentalidade de crescimento, precisamos desenvolver estratégias pessoais de aprendizado contínuo, e isso só acontece se as pessoas realmente transformarem esse aprendizado contínuo em hábito diário, buscando aprendizados em todos os lugares, não ficando restritas somente à educação formal, buscando aprendizado em cursos de extensão presenciais ou *on-line*, leitura de livros, palestras, seminários e outros meios de aprendizado.

Dentro do contexto de aprendizado contínuo, precisamos repensar os modelos tradicionais de ensino-aprendizagem, migrando para modelos que gerem prazer e engajamento na aprendizagem, tornando o processo de ensino um momento de prazer.

Na busca de tornar mais prazeroso o processo de ensino-aprendizagem, surgiram nos últimos anos diversas metodologias e uma que se destaca é o conceito de metodologias ativas, composto por metodologias que colocam o aluno no centro do processo de ensino, focando em um aprendizado mais prático do que teórico, ou seja, aprender fazendo.

Segundo a Pirâmide de William Glasser, psiquiatra norte-americano que estudava a mente, o comportamento humano e a educação, existem várias formas de aprendizados. Os métodos tradicionais são mais expositivos, já a proposta de Glasser está focada no aprendizado mais ativo com a participação maior do aluno no processo de ensino-aprendizagem.

Aprendemos

- Ler — **10%** quando lemos
- Escutar — **20%** quando ouvimos
- Ver — **30%** quando observamos
- Ver e ouvir — **50%** quando vemos e ouvimos
- Conversar, perguntar, repetir, relatar, numerar, reproduzir, recordar, debater, definir, nomear — **70%** quando discutimos com os outros
- Escrever, interpretar, traduzir, expressar, revisar, identificar, comunicar, ampliar, utilizar, demonstrar, praticar, diferenciar, catalogar — **80%** quando fazemos
- Explicar, resumir, estruturar, definir, generalizar, elaborar, ilustrar — **90%** quando ensinamos aos outros

Figura: Pirâmide de William Glasser. Fonte: www.institutoclq.org.br

A pirâmide de aprendizagem criada por Glasser compara os resultados da aprendizagem de acordo as formas de estudar.

- Leitura: aprendemos 10% da matéria;
- Escutar alguém falando: 20%;
- Assistir a um vídeo ou observar algo: 30%;
- Escutar e observar ao mesmo tempo: 50%;
- Conversar ou debater sobre o tema: 70%;
- Fazer, escrever ou praticar: 80%;
- Ensinar alguém: 95%.

Podemos observar que, no comparativo das diversas formas de estudar, as que mais são eficazes na retenção do aprendizado são aquelas em que há um envolvimento maior do aluno (metodologias ativas de aprendizagem) e que também estão atreladas a colocar em ação os conhecimentos adquiridos.

As metodologias ativas são uma nova forma de pensar o ensino, disruptando o modelo tradicional que tinha como centro do processo ensino-aprendizagem o professor, colocando o aluno como o novo protagonista do processo.

De acordo o SAS plataforma de educação, "as metodologias ativas colocam o aluno como sujeito ativo, se opondo à postura de passividade e assumindo, assim, um papel vigoroso dentro do ensino proposto".

Os principais tipos de metodologias ativas citadas pelo SAS são:

• Aprendizagem baseada em problemas (PBL)

Apresentar um problema e os meios para solução é o foco da metodologia ativa baseada em PBL. Por meio dela, os alunos tornam-se mais críticos e analíticos na busca por soluções dos problemas, trabalhando de forma interdisciplinar e agregando práticas em torno das disciplinas e conteúdos já estabelecidos no currículo escolar.

- **Aprendizagem baseada em projetos (ABP)**
Nesse modelo de metodologia ativa, os estudantes trabalham em um projeto por um período maior, a fim de responder a questões formuladas no início da pesquisa e que carecem de respostas.

O objeto de pesquisa permeia em torno de um desafio ou problema que, normalmente, possui algum impacto dentro ou fora da escola. Deve ser realizada uma investigação sustentável, garantindo caráter crítico e reflexivo.

- **Aprendizagem por pares (TBL)**
Criada na década de 1990 pelo professor Eric Mazur, essa abordagem de metodologias ativas permite que os alunos trabalhem em pares e discutam as resoluções das questões abordadas pelos professores, promovendo a interação e troca de ideias.

- **Gamificação**
Essas soluções trazem elementos de jogos para contextos reais. Na gamificação, o engajamento e a motivação são nítidos quando trabalhados com os alunos, pois a competição saudável entre eles é extremamente estimulante.

- **Sala de aula invertida**
A sala de aula invertida também trabalha com a cooperação ativa do aluno. O professor lança antecipadamente os conteúdos a serem estudados, o aluno busca se apropriar daquele conhecimento, trazendo à sala de aula atividades preestabelecidas sobre o assunto a ser aprofundado.

Considerando que estamos vivendo um mundo em que a mudança passou a ser uma rotina e que a tecnologia se aliou à democratização das informações e aprendizados, precisamos incluir como estratégia de carreira no mundo do trabalho o processo de aprendizado contínuo. Se a sociedade está em constantes transformações e os negócios inovando diariamente, é necessário mantermos o aprendizado contínuo em nossas vidas.

Referências

SAS PLATAFORMA DE EDUCAÇÃO. *Metodologias ativas: conheças os benefícios desse modelo.* Disponível em: <https://blog.saseducacao.com.br/metodologias-ativas/>.

SCHLOCHAUER, Conrado. *Lifelong learners: o poder do aprendizado contínuo.* São Paulo: Gente, 2021.

15

UM NOVO OLHAR PARA CARREIRAS

Cada vez mais, as pessoas buscam carreiras e organizações que tenham um propósito alinhado com seu propósito de vida, ou seja, que tenham um significado maior e que gerem impactos positivos na sociedade. Neste capítulo, apresentarei um novo olhar para as carreiras no século XXI.

Queiramos ou não, devemos saber que o único tipo de emprego remunerado que permanecerá disponível com o passar do tempo será o tipo intelectual criativo. Para quem não estiver preparado para isso, o futuro será sinônimo de desemprego.

DOMENICO DE MASI

O que você está pensando agora? Em problemas e dificuldades ou em desafios e sonhos? Será que está satisfeito com sua carreira? O que quer ser depois que cresceu? Essas perguntas provocativas servem para refletirmos se estamos fortalecendo nossas carreiras para as demandas do século XXI ou se estamos em uma zona de conforto.

Avançando as provocações mais um pouco, pergunto: você está vendo o trem da oportunidade passar e deixando a vida te levar? Ou está que nem a Alice no País das Maravilhas, "se não sabe aonde ir, qualquer lugar serve? Ou ainda, como dizia Gabriela, Cravo e Canela: 'Eu nasci assim, eu vou ser sempre assim, Gabriela'...".

Muitas pessoas vivem a maior parte de suas vidas e carreiras na zona de conforto, sem correr riscos e sem se desafiar, levando uma vida medíocre, sem evolução pessoal e profissional, não conseguindo se adequar às novas demandas de carreira e de trabalho do século XXI. Outras levam uma vida inicial de sonhos e desafios e, quando alcançam seus primeiros objetivos e sonhos, acham que não precisam mais evoluir, correr riscos e desafiar-se, e caem na armadilha do "Ouro de Tolo", sentindo-se realizadas com o que conquistaram até determinado momento, acomodando-se e sendo levadas sem perceberem para a zona de conforto.

No século XXI, em um mundo disruptivo e tecnológico, precisamos de profissionais que busquem a evolução contínua e que estejam sempre na metamorfose de transformação.

Nos últimos anos, muito tem se discutido na área de gestão de pessoas e no mundo do trabalho sobre a melhor estratégia de carreiras para atender as demandas de um mundo disruptivo e em plena transformação digital, em que a ciência de dados e as tecnologias da indústria 4.0 têm papel fundamental na sustentabilidade dos negócios, as mudanças passam a fazer parte da rotina e o aprendizado contínuo é um dos pré-requisitos para os profissionais se manterem competitivos ao longo de suas carreiras.

As organizações no século XXI estão buscando profissionais diferenciados e que possam contribuir ativamente para a sustentabilidade do negócio e na geração de novas ideias que possam levar inovação de produtos e serviços. Para acompanhar essas novas demandas, as empresas e os profissionais precisam repensar o modelo de carreira tradicional e migrar para um modelo mais inovador e disruptivo.

Segundo Mascarenhas (2008), "com a percepção dos limites da adequação indivíduo-cargo, surgiram ideias que buscavam aperfeiçoar os modelos de gestão de pessoas. Era necessário ir além das práticas tradicionais de gestão de pessoas para permitir que o comportamento organizacional fosse compatível com as demandas e estratégias da organização em seus ambientes de competição".

Durante muito tempo, as carreiras foram traduzidas como cargos dentro das organizações, uma descrição de objetivos, atividades e formações necessárias para cada cargo. Depois, a área de Recursos Humanos construía uma tabela de cargos e salários que servia de referência para que as pessoas buscassem desenvolver uma carreira nas organizações.

Para Dutra (2017), "a carreira profissional tem diferentes significados para as pessoas. Pode estar associada à profissão escolhida pela pessoa ou a sua trajetória profissional em uma organização ou no mercado de trabalho. Para as organizações, normalmente é vista como a sucessão de posições ocupadas pela pessoa na organização ou pelas possibilidades oferecidas pela organização para a ocupação de futuras posições".

Posteriormente, o modelo de cargos e salários como referência no crescimento de carreira evolui para modelos de programas estruturados de carreira e sucessão, nos quais existem políticas e diretrizes claras e transparentes para todas as pessoas na organização, que são as trilhas e competências a serem trabalhadas para se desenvolver dentro da organização.

Os modelos tradicionais de carreira dentro das organizações eram baseados em "I" e "Y". As carreiras em "I" cresciam verticalmente de um cargo operacional até chegar a um cargo de gestão. Já a carreira "Y" começava também em um cargo operacional até chegar em cargos de especialistas. A carreira "Y" foi criada para reter talentos (especialistas) nas organizações, ou seja, profissionais que chegavam a um limite nos cargos operacionais e técnicos, mas que não tinham perfil para crescer para a gestão, mas que as empresas tinham interesse em mantê-los engajados na organização, e os promoviam a cargos de especialistas ou assessores ou consultores, seguindo uma carreira "Y".

Adiante, surgiu a carreira "W", que diferentemente da carreira "Y" em que o profissional acaba por se especializar em determinada área, o profissional ao longo de sua carreira pode se especializar em diversas áreas e depois evoluir para cargos de gestão.

Nos últimos anos, surgiram mais dois tipos de carreiras nas empresas: a "T" e "S". Na carreira "T", os profissionais buscam experiências multifacetadas, dentro e fora da empresa, o profissional é um profundo conhecedor de sua área de atuação, mas também consegue transitar em diversas áreas, possibilitando atuar de forma multidisciplinar. Já na carreira "S", o profissional não tem uma hierarquia definida, pode atuar em um formato matricial na organização, podendo migrar de um cargo a outro de acordo com suas habilidades e interesses, a decisão de migrar para um cargo de gestão ou técnica é do próprio profissional.

De acordo com Buckingham e Clifton (2008), "a grande organização deve não apenas se ajustar ao fato de que cada funcionário é diferente, ela precisa também tirar proveito dessas diferenças. Deve ficar atenta às pistas dos talentos naturais de cada colaborador e situar e tratar cada pessoa de modo que seus talentos sejam transformados em genuínos pontos fortes".

A maior armadilha na carreira e vida das pessoas é se contentar com o estado atual, fugindo do crescimento e dos desafios que a vida lhes oferece, abdicando de uma vida de abundância para si e para seus entes queridos, pois têm medo de correr risco, agindo sempre com atitude conformista. Essa postura faz com que a pessoa tenha uma vida sem protagonismo, ou seja, sem sonhos, sem objetivos e sem evolução, vendo o trem da vida passar, deixando para trás grandes oportunidades e possibilidades de se tornar uma protagonista na carreira.

Existem alguns estudiosos que defendem que a era do generalista acabou, de que as empresas não precisam de profissionais que têm conhecimento básico de diversas áreas, e, sim, de profissionais que tenham expertise em determinada área ou assunto, e que as empresas precisam de profissionais do tipo "M", os quais têm especialidade em diversas áreas, representadas a cada perna do "M".

Para Wiseman (2022), "ficou evidente que o mundo do trabalho está cheio de gente que quer dar sua contribuição máxima. Esse desejo de envolvimento e impactos elevados não é uma ambição apenas dos líderes das empresas; é uma necessidade profunda de todos. Todo mundo quer contribuir de maneira relevante e impactar".

O fato é que estamos vivendo um mundo M.U.V.U.C.A., no qual as pessoas buscam encontrar carreiras e empresas que estejam alinhadas com seus propósitos de vida e que ambos se preocupam com o impacto de suas ações com a sustentabilidade do planeta, da sociedade e da ciência, uma carreira alinhada com o *mindset* de crescimento, pois o mundo atual e futuro estão baseados na incerteza, volatilidade, complexidade, ambiguidade e agilidade.

Para se manter competitivo nesse contexto de mercado de trabalho atual e futuro, as pessoas deverão construir carreiras multifacetadas, buscando desenvolver experiências e aprendizados multiculturais com foco na diversidade e no encontro de gerações para quebrar paradigmas e gerar inovações.

Referências

BUCKINGHAM, Marcus; CLIFTON, Donald O. *Descubra seus pontos fortes – um programa revolucionário que mostra como desenvolver seus talentos especiais e os das pessoas que você lidera.* Rio de Janeiro: Sextante, 2008.

DUTRA, Joel Souza. *Gestão de carreiras – a pessoa, a organização e as oportunidades.* São Paulo: Atlas, 2017.

MASCARENHAS, André Ofenhejm. *Gestão estratégica de pessoas.* São Paulo: Cengage Learning, 2008.

WISEMAN, Liz. *Players de impacto: como assumir a liderança e fazer a diferença.* Rio de Janeiro: Harper Collins, 2022.

16

O FUTURO DO TRABALHO

Neste capítulo, discutirei o novo significado do trabalho a partir de uma discussão sobre abundância ou escassez de trabalho, flexibilização nas relações trabalhistas, competências para o século XXI e muitos outros assuntos.

O futuro do trabalho é um tema bastante discutido no meio empresarial e acadêmico, gerando muitas dúvidas e preocupações por grande parte da população, principalmente daquelas mais seniores e que trabalham em atividades rotineiras e repetitivas. Além dessas preocupações, há um consenso que o futuro do trabalho será capitaneado pelo uso em grande escala de tecnologias emergentes, ciência de dados, novas carreiras e profissões, e um forte movimento de flexibilização das relações de trabalho.

Para De Masi (2019), "o trabalho e a falta de trabalho estão, hoje, em primeiro lugar nas agendas governamentais e na mídia de todo o mundo. Mas a ótica com que se enfrenta o problema é exclusivamente econômica e sindical, enquanto o planeta trabalho é de natureza múltipla e não pode ser explorado sem o suporte de muitas outras disciplinas: a psicologia, a sociologia, as ciências organizacionais, a antropologia, a medicina etc. Qualquer solução unidimensional de um problema tão complexo leva a resultado inadequado ou contraproducente".

Abundância de trabalho e escassez de emprego

Muitos estudiosos e sociólogos do trabalho defendem a tese de que no futuro haverá abundância de trabalho e escassez de emprego em face aos processos de robotização nas indústrias e da utilização das diversas tecnologias para tornar autônomas a oferta e gestão de determinadas atividades, sem a necessidade da intervenção humana.

Segundo estudo realizado pelo Fórum Econômico Mundial em 2020, "a mudança global para um futuro do trabalho é definido por uma coorte cada vez maior de novas tecnologias, por novos setores e mercados, por sistemas econômicos globais que são mais interligados do que em qualquer outro ponto da história e por informações que viajam rápido e se espalham".

Segundo Harari (2018), "desde o início da Revolução Industrial, para cada emprego perdido para uma máquina pelo menos um novo emprego foi criado, e o padrão de vida médio subiu consideravelmente".

Segundo estudo global da Deloitte "Qual é o futuro do trabalho?", "a expectativa é que os empregos do futuro sejam movidos por tecnologias e fundamentados em dados, exigindo habilidades humanas em áreas como resolução de disfunções, comunicação, escuta e interpretação. À medida que as máquinas assumem tarefas mecânicas e o trabalho das pessoas se torna mais analítico, técnicas de *design thinking* podem ajudar as organizações a definir novos tipos de capacidades e habilidades em atividades que têm um viés mais disruptivo".

Mesmo que as tecnologias absorvam grande parte das atividades repetitivas e rotineiras na indústria, surgiram novas demandas de serviços ligados a tecnologias e à prestação de serviços às pessoas, criando possibilidades. Assim como aconteceu nas revoluções industriais anteriores, sempre há um temor de destruição em massa de empregos pelas novas tecnologias, mas o que ocorre é uma expansão das ofertas de empregos e aumento da riqueza na sociedade.

Dentro desse contexto, haverá muitos serviços e atividades relacionadas ao entretenimento, cuidados de idosos, terapeutas emocionais, atendimento psicológico, mentoria de carreira, consultoria de relacionamentos e muitos outros ligados a cuidados humanos que deverão ser prestados por profissionais autônomos ou por microempreendedor individual (MEI).

A diferença agora das demais revoluções industriais é que a geração de trabalho no passado foi baseada na indústria e na área de serviços, na expansão de trabalho, mas haverá exponencialmente redução de ofertas de empregos, muito em função do forte movimento das indústrias e serviços por automação e utilização de tecnologias emergentes para substituição de atividades humanas nas empresas.

Flexibilização nas relações de trabalho

Dentro do contexto das relações de trabalho no século XXI e para o futuro, percebe-se claramente uma cobrança cada vez maior dos novos entrantes do mercado de trabalho por empregos e empresas que valorizem e ofereçam sistemática de trabalho que priorize a qualidade de vida das pessoas sem perder a produtividade e qualidade dos serviços e produtos.

No artigo da FGV Portal "Futuro do trabalho no Brasil: mudanças de uma revolução acelerada", "as revoluções industriais geram mudanças estruturais nas relações trabalhistas, levando à criação de formas e dinâmicas de trabalho possibilitadas pelos avanços tecnológicos. O futuro do trabalho hoje é, portanto, o ambiente de trabalho desenvolvido e possibilitado pela quarta revolução industrial".

Uma das ações que já estão acontecendo nas organizações é a implementação de horários flexíveis, nos quais a empresa acordada com o empregado e, em alguns casos, com sindicato da categoria, implementa jornada de trabalho com horários núcleos, em que o empregado pode chegar mais tarde e sair mais tarde em determinado dia sem prejuízo salarial e possibilitando que o mesmo resolva algum desafio pessoal.

A estratégia de flexibilização ligada à jornada de trabalho é a implementação individual ou coletiva de banco de horas, possibilitando ao empregado em comum acordo com a gestão. Por exemplo, faltar um dia para resolver desafios pessoais e trabalhar um pouquinho por dia para pagar essa ausência.

No estudo da Forbes "Futuro do trabalho: 18 tendências que irão mudar nossa realidade", "funcionários tendem cada vez menos a aceitar propostas que não se adaptem à sua rotina e necessidades de vida e família e a flexibilidade virou moeda de troca e benefício predileto pelos brasileiros (com o plano de saúde). Isso tem sido visto em diversas negativas para vagas presenciais, mesmo com índices altos de desemprego".

Para a consultoria Robert Half em seu artigo "Futuro do trabalho: quais as tendências e como preparar a empresa?", "flexibilidade, criatividade e adaptação prometem ser as palavras mais utilizadas no contexto profissional. Inclusive, essa é uma tendência que já vem aparecendo em muitas empresas. Timidamente ou não, organizações já iniciam sua corrida contra o tempo para saírem à frente da concorrência e se adaptarem o quanto antes".

Tendências de flexibilização nas relações de trabalho nos países desenvolvidos e que no Brasil ainda caminham embrionariamente é a adoção dos benefícios flexíveis (avaliar legislação trabalhista e tributária para cada caso), no qual a empresa oferece um determinado valor de benefício mensal ao empregado e pode escolher como gastará o valor fornecido pela empresa dentro de um menu de opções definido na política de benefícios da empresa.

O benefício de ofertar para os empregados a possibilidade de trabalhar em regime *home office*, trabalho híbrido ou *anywhere* é um dos principais atrativos de talentos no século XXI, principalmente se fizer parte da geração Z, já que possibilita oportunidade de cuidar mais da saúde e curtir mais a família.

No futuro do trabalho, as pessoas, carreiras e empresas que possibilitem uma relação de trabalho ganha-ganha, ofertarão possibilidades aos empregados de exercerem sua melhor versão em suas funções, possibilitando uma flexibilidade de horários, benefícios e locais de trabalho, contribuindo fortemente para maior qualidade de vida e tempo para curtir suas famílias.

Competências para o século XXI

Em um mundo tecnológico, digital e com grandes demandas por cuidados emocionais e mentais, além de provocar mudanças de *mindset*, saindo de um pensar tradicional para um pensar disruptivo para provocar inovações nas organizações e transformações nos negócios no mundo do trabalho, é necessário criarmos novas competências para atendermos as demandas profissionais do século XXI.

De acordo com a Forbes, "menos de 8 anos, 30 milhões de vagas pelo mundo serão modificadas em função do impacto das tecnologias", sendo necessário um redesenho das competências profissionais existentes e criações novas para se adaptar ao novo mundo disruptivo e exponencial.

O Fórum Econômico Mundial de Davos de 2020 "sinaliza que 50% das habilidades profissionais devem mudar nos próximos cinco anos e destaca delas: a criatividade e a flexibilidade", que vão ao encontro do novo mundo disruptivo que requer criatividade para inovar e flexibilidade para se adaptar continuamente às mudanças.

As competências que o mercado mundial de trabalho vai demandar no futuro segundo o Fórum Econômico Mundial de Davos de 2020 são:

- Pensamento analítico e inovação;
- Aprendizagem ativa e estratégias de aprendizagem;
- Criatividade, originalidade e iniciativa;
- Projetos e programação de tecnologia;

- Análise e pensamento crítico;
- Resolução de problemas complexos;
- Liderança e influência social;
- Inteligência emocional;
- Raciocínio, resolução de problemas e ideação;
- Análise e avaliação de sistemas.

Dentro das hipóteses de competências do futuro apresentado pelo Fórum Econômico Mundial de Davos 2020, percebe-se um *mix* entre competências do grupo técnico e grupos relacionais e emocionais, ou seja, os profissionais do futuro deverão desenvolver competências que os torne um super-humano, buscando dominar as tecnologias, já que o mundo será totalmente digital, e ao mesmo tempo ser uma pessoa altamente humanizada, iniciando pelo despertar do seu propósito de vida, desenvolvendo técnicas de gestão emocional e relacional.

Profissões do futuro

Segundo a FIA Business School em seu artigo "Profissões do futuro: o que são, principais e áreas em alta", as profissões estão ligadas a carreiras em diferentes áreas e que deverão ter uma grande valorização nos próximos anos, que está, em sua maioria, ligada à tecnologia, como mostrado a seguir:

- Analista de dados e cientistas;
- Especialista em IA e *machine learning*;
- Gerentes gerais e de operações;
- Especialistas em *big data*;
- Especialistas em transformação digital;
- Profissionais de vendas e *marketing*;

- Especialistas em novas tecnologias;
- Especialistas em desenvolvimento organizacional;
- Desenvolvedores e analistas de *software* e aplicativos;
- Serviços de tecnologia da informação.

Em artigo publicado pela Warren Magazine, "a tecnologia e a indústria, se compararmos com o século XX, diminuíram os postos de trabalho tradicionais, como os fabris, e criaram profissões do futuro, baseadas na Inteligência Artificial (IA) e, mais recentemente, no trabalho remoto". Veja a lista das dez profissões do futuro, segundo a Warren Magazine:

- Piloto de *drone*;
- Engenheiro de georreferenciamento;
- Engenheiro de dados;
- Engenheiro de inovação;
- Desenvolvedor *front-end*;
- Desenvolvedor *full stack*;
- Pentester;
- Arquiteto de soluções;
- Especialista em *machine learning*;
- Analista de *Martech*;
- Líder de *live streaming*.

O artigo da Forbes intitulado "Profissões do futuro: cargos que vão emergir dos desafios na era digital" revelou que "as maiores lacunas de profissionais que serão qualificados para essas demandas foram encontradas no setor de agricultura. Na indústria de transformação e serviços, há o maior *gap* em curto prazo por trabalhadores familiarizados com o universo digital". A seguir, as principais profissões do futuro, selecionadas as três mais de cada segmento de negócios:

- Gestor de mídias sociais;
- Engenheiro de *software*;
- Especialista em *blockchain*;
- *Expert* em digitalização industrial;
- Profissional de planejamento logístico;
- Gestor de economia circular;
- Operador de *drones*;
- Agricultor urbano;
- Técnico em agricultura digital;
- Engenheiro hospitalar;
- Médico procedimentalista;
- Engenheiro de dados de saúde.

De fato, as profissões do futuro estarão ligadas fortemente ao domínio de tecnologias, independentemente das áreas de atuações, fazendo com que seja necessário reeducar profissionais para esse novo mundo digital e tecnológico, principalmente em países considerados do terceiro mundo; do contrário, corremos o sério risco gerar um grande problema social ocasionado pela exclusão digital, que provocará automaticamente um forte movimento de aumento da exclusão social.

Referências

DELOITTE. *Qual é o futuro do trabalho*. Disponível em: <https://www2.deloitte.com/br/pt/pages/human-capital/articles/futuro-do-trabalho.html>.

FGV Portal. *Futuro do trabalho no Brasil: mudanças de uma revolução acelerada.* Disponível em: <https://portal.fgv.br/artigos/futuro-trabalho-brasil-mudancas-revolucao-acelerada>.

FIA BUSINESS SCHOOL. *Profissões do futuro: o que são, principais e áreas em alta.* Disponível em: <https://fia.com.br/blog/profissoes-do-futuro/>.

FORBES. *Futuro do trabalho: 18 tendências que irão mudar nossa realidade.* Disponível em: <https://forbes.com.br/carreira/2022/03/futuro-do-trabalho-18-tendencias-que-irao-mudar-nossa-realidade/>.

_____. *Profissões do futuro: cargos que vão emergir dos desafios na era digital.* Disponível em: <https://forbes.com.br/carreira/2022/04/saiba-quais-profissoes-vao-emergir-com-os-desafios-da-era-digital/>.

MASI, Domenico De. *O ócio criativo – entrevista a Maria Serena Palieri.* Editora Sextante: Rio de Janeiro, 2019.

_____. *Uma simples revolução: trabalho, ócio e criatividade – novos rumos para uma sociedade perdida.* Rio de janeiro: Sextante, 2019.

_____. *O trabalho no século XXI: fadiga, ócio e criatividade na sociedade pós-industrial.* Rio de Janeiro: Sextante, 2022.

MICHAEL PAGE. *8 características do mercado de trabalho do futuro.* Disponível em: <https://www.michaelpage.com.br/advice/carreira-profissional/pr%C3%B3ximos-passos-em-sua-carreira/8-caracter%C3%ADsticas-do-mercado-de>.

ROBERT HALF. *Futuro do trabalho: quais as tendências e como preparar a empresa?* Disponível em: <https://www.roberthalf.com.br/blog/tendencias/futuro-do-trabalho-quais-tendencias-e-como-preparar-empresa-rc>.

WARREN MAGAZINE. *Quais são as 11 profissões do futuro?* Disponível em: <https://warren.com.br/magazine/11-profissoes-futuro/?gclid=EAIaIQobChMIn9KnwKuA-QIVROZcCh2E-gfSEAMYAiAAEgKVbfD_BwE>.

CONSIDERAÇÕES FINAIS

Ao finalizar este livro, vem o sentimento de alívio, gratidão e de realização de um sonho, acreditando que "a jornada é sempre mais importante que a conquista". E, na jornada de desenvolvimento deste livro, que foram em torno de 12 (doze) meses, com início, pequenas e grandes paradas, novas retomadas, novas ideias, revisões, descartes, recomeço e, acima de tudo, muita vontade e determinação para realização desse sonho, o qual está fortemente ligado a minha missão e propósito de vida, de "inspirar pessoas a sonharem+ e aprenderem+ para, juntos, construirmos um mundo melhor por meio da educação".

Espero, sinceramente e do fundo do meu coração, ter contribuído nesta obra com *insights*, provocações e aprendizados que possam, de verdade, ajudar você, que leu esta obra, em um movimento de plantio de sementes, as quais, se bem regadas, florescerão grandes e lindos frutos em sua vida, e que sua jornada seja primada pela fé, respeito pelo próximo, por uma busca incessante de aprendizado contínuo e ao encontro de sua melhor versão. E, ao encontrar sua melhor versão, não se esqueça de retribuir ao universo, ajudando as pessoas mais humildes. Cada vez que ajudamos uma pessoa, principalmente as mais necessitadas, mais nos aproximamos de Deus.

Para finalizar, quero dizer que escrever esta obra foi uma jornada disruptiva, de muita emoção, de muito aprendizado e de muita humildade. Em muitos momentos, tive de deixar o ego de lado e reconhecer que precisava me aprofundar e aprender mais sobre determinado assunto antes de colocar a mão na massa para redigir. Nesses, lembrava-me da frase do grande Alvin Toffler: "o analfabeto do futuro não é aquele que não saberá ler ou escrever, e, sim, aquele que não saberá aprender, desaprender e reaprender".

Essa reflexão utilizo há muito tempo e me transformou em um eterno aprendiz do conhecimento ou um *lifelong learner*. Em mundo disruptivo e exponencial, em que as coisas mudam e se transformam diariamente, aprendemos todos os dias. Com as conquistas, esse aprendizado deve ser celebrado sempre, pois será o combustível para sermos felizes. Então, Viva La Vida de forma disruptiva.

POSFÁCIO

O que dizer desse autor? Eu seria no mínimo suspeita para falar! Mas como esposa do mesmo, acompanhei de perto toda a sua trajetória. Desde a procura pelo conhecimento de tal assunto estudando, fazendo as inúmeras graduações e pós, até mesmo a compra incansável de tantos e inúmeros livros em busca do conhecimento. Mas, nem no meu mais profundo pensar, imaginei que ele iria chegar a ser escritor. E que orgulho! Acompanhei as mudanças de área também. Até ele se encontrar nesse mundo de relações trabalhistas, onde estudou a fundo, teve que aprender do zero para chegar aonde chegou. Esse tema que hoje é de suma importância para toda e qualquer organização, o autor escreve com maestria e muito conhecimento neste exemplar inspirado em grandes autores e estudiosos no assunto.

Então, convido você para se deliciar nesta obra e quem sabe um *best seller*? Seria um sonho do autor, mas como ele mesmo gosta de citar Raul Seixas: "sonho que se sonha só é apenas um sonho, mas sonho que se sonha junto vira realidade".

Joseane Mendes
Diretora da Sinergia ExO
e esposa de Francisco de Assis

SOBRE O AUTOR

FRANCISCO DE ASSIS MENDES, estudioso e pensador sobre o mundo do trabalho, gestão de pessoas, inovação e empreendedorismo, tem como missão e propósito de vida "inspirar pessoas a sonharem+ e aprenderem+ para, juntos, construirmos um mundo melhor por meio da Educação".

Doutorando em Ciências Empresariais e Sociais na UCES/Argentina, Mestrado em Estratégias de Investimentos e Internacionalização no ISG/Portugal e Intercâmbio na LAL School/Inglaterra. Administrador com especializações em Gestão de RH na Cândido Mendes/Rio de Janeiro, Direito do Trabalho e Previdenciário na PUC/Minas Gerais, Relações Trabalhistas e Sindicais na WCCA/Campinas, MBA em Gestão Empresarial na USP/São Paulo, Transformação Digital e Futuro dos Negócios na PUC/Rio Grande do Sul.

Certificações e formações em Leadership Coaching na Destination Leadership Canadian, Theory and Tools of Harvard Negotiation Project no CMI International Group, Liderança e Desenvolvimento de Pessoas no ISE Business School, Gestão de Mudanças no ISE Business School, Fundamentos de Organizações Exponenciais no Singularity Brazil, Professional & Self Coaching e Business & Executive Coaching no IBC, Coaching Integrativo na ACI, *Practitioner* PNL na ABNLP, Gerenciamento de Projetos na FGV, Master Mind na Fundação Napoleão Hill e outros.

Sólida experiência em Gestão de RH, Relações Trabalhistas e Sindicais, Gestão de Projetos e Sistemas de Informações. Trabalha há mais de 25 anos na Honda de Manaus, onde atualmente é Gestor de Relações Trabalhistas e Sindicais. Também é professor de pós-graduação, palestrante, escritor e empreendedor.

Coautor de seis livros e idealizador dos livros *Gestão do RH 4.0, Gente e gestão, Relações trabalhistas e sindicais.*

Foi palestrante no CONARH / IBC 2019, 1º Fórum Nacional de Relações Trabalhistas e Sindicais da Corpbusiness e do 16º Encontro Nacional de Relações Trabalhistas e Sindicais da Dialogia.

Lembre-se de olhar para as estrelas, não para os próprios pés. Tente compreender o que vê e questione o que faz o universo existir. Seja curioso. E, por mais que a vida pareça difícil, sempre há algo que você pode e consegue fazer. Nunca desista. Deixe sua imaginação correr solta. Molde o futuro.

STEPHEN HAWKING